教養としての「労働法」入門

LABOR LAW

Ran Mukai

杜若経営法律事務所　向井 蘭　編著

瀬戸賀司　星野悠樹　樋口陽亮　友永隆太

日本実業出版社

はしがきに代えて――「役に立たない知識が役に立つ」

本書は、①日本の労働法制の歴史と制定経緯、②世界の労働法制との比較を中心にしつつ、ごく基本的な日本の労働法制、裁判例を取り上げ説明しています。

労働法制の歴史や世界の労働法制との比較により得られる知識が教養になることは間違いないと思いますが、これらの知識は学習や実務に直接役に立つものではありません。すなわち、本書の多くは司法試験の答案に書くことができる知識ではありませんし、裁判所に提出する準備書面や労働基準監督署に対する是正報告書の記載に役立つ知識でもありません。しかし、労働法を改めて考えるきっかけになります。

私は2014年（平成26年）から中華人民共和国上海市で、中国労働法に関する人事労務コンサルティングに関与しておりますが、中国労働法を学んだことはたいへん役に立ちました。「なぜ、これほどまでに激しい労働紛争が発生するのだろうか」「人員削減に関する法制度がなぜ日本と異なるのだろうか」「労働組合の仕組みが日本と異なるのはどうしてなのだろうか」などと疑問は尽きず、1つひとつ調べて自分なりに考えながら実務に当たってきました。

その結果、日本における人事労務紛争への取り組みが変わりました。これまで当たり前と思っていたやり方を変えてみたり、新しい方法や説明の仕方ができないかを考えてみたりするようになりました。日本とは制定経緯が異なる中国労働法の知識を得たことで、自然と違った角度から日本の労働法を考えるようになったのではないかと思います。

もちろん、うまくいかなかったり、良いアイデアが思いつかなかったりする場合も多いのですが、別の角度から物事を考えることは重要です。たとえば、本書でも、外国においては解雇規制が実は人種差別にかかわる問題を含んでいることが記されています。

特にアメリカは、解雇規制が日本に比べるとかなり緩やかですが、その反面、解雇問題が人種差別問題に発展することがよくあります。

日本では外国人労働者が増えつつあるとはいえ、まだまだ全人口に占める割合は少なく、人種も欧米ほど多様ではありません。これからの外国人労働者が増える日本を考える上では差別問題がクローズアップされることが容易に想像できます。

また、私が執筆した部分では、戦後の労働基準法制定に関する記載があります。実は、労働法は戦後の混乱期に国会審議を行ったため、戦後の経済事情を反映して制定されました。

たとえば、労働基準法第39条は「使用者は、その雇入れの日から起算して6か月間継続勤務し全労働日の8割以上出勤した労働者に対して、継続し、又は分割した10労働日の有給休暇を与えなければならない。」と定めています。当時のＩＬＯ条約からしても、年次有給休暇はまとまった日数を取ることが国際的スタンダードだったのですが、材料不足に加えて製造設備も不足して、工場の製造ラインが頻繁に止まる状況においては、連続した休暇を取られてはただでさえ不安定な製造事情をなお不安定にするということで、1日単位で年次有給休暇を取ることが認められました。

このような特殊な事情を前提にした年次有給休暇が日本において現在も生き続けていることは非常に興味深いものです。

本書は、「役に立たない知識が役に立つ」と考え、皆様が労働法を考える上でヒントになるような情報を盛り込みました。

本書が、皆様の学習や実務において少しでも参考になればこれほど幸いなことはありません。

2021年2月

杜若経営法律事務所　弁護士

向井　蘭

LABOR LAW 目次

教養としての「労働法」入門

第1章 労働法の歴史と現在

第2章 解雇と裏表となる規制

第3章 多様な雇用の在り方とそれらを取り巻く法制度

第4章

労働時間と有給休暇

第5章

労働環境を整える

凡例

本書は、以下の方針でまとめました。

●判決や条文などを引用した際に、原文の引用箇所を示すためにつけた「　」では、リーダビリティの観点から、必要に応じて網掛け、傍点をつけました。

●引用した判決文のなかに登場する過去の判例の年月日及び出典は、専門書であれば省略すべきものではありませんが、一般の読者の方に向けた本であるため、特に意味があり残す必要があると考えたものを除き、「(略)」として省略しました。判決文の中に筆者が記した注書には〔　〕をつけました。

●本書の注釈に記載した、判決等の出典は、いずれも法律書で通常使われる略称を使いました（民集、労民集、判タ、判時等)。

●条文や判決文を引用した場合の数字は、原文が漢数字である場合でも（条文の原文の数字はすべて漢数字です)、リーダビリティを重視し、算用数字に変換した箇所があります。

●（　）のなかに登場する（　）は〔　〕と表記し、「　」のなかに登場する「　」は『　』と表記しました（リーダビリティのためですが、特に後者は法律論文の一般的な作成法に従いました)。

法令の略語

- 労基法……………………労働基準法
- 労契法……………………労働契約法
- 労災保険法………………労働者災害補償保険法
- 労組法……………………労働組合法
- 労働施策総合推進法……労働施策の総合的な推進並びに労働者の雇用の安定及び職業生活の充実等に関する法律
- 労働者派遣法……………労働者派遣事業の適正な運営の確保及び派遣労働者の保護等に関する法律
- 育児・介護休業法………育児休業、介護休業等育児又は家族介護を行う労働者の福祉に関する法律
- 高年齢者雇用安定法……高年齢者等の雇用の安定等に関する法律
- 男女雇用機会均等法……雇用の分野における男女の均等な機会及び待遇の確保等に関する法律
- パート・有期労働法……短時間労働者及び有期雇用労働者の雇用管理の改善等に関する法律
- 働き方改革関連法………働き方改革を推進するための関係法律の整備に関する法律

カバーデザイン　小口翔平＋阿部早紀子（tobufune）
本文デザイン・ＤＴＰ　初見弘一（Tomorrow From Here）

LABOR
LAW

序章

労働法とは

序章サマリー

日本には「労働法」という法律はありません。

労働法はさまざまな法律から成り立つ1つの法体系を指します。

法律自体は無味乾燥な条文で成り立っていますが、実は立法者（国会、法律を事実上作成する行政当局、法律起草者）の思想や目的のもとに作られているものが多く、法律を理解するためには立法者の考えを理解する必要があります。本章では日本の労働法と対極にあるアメリカ労働法と対比して日本の労働法の背後にある立法者の考えを整理してみました。

もっとも、日本の労働法は法律のみではなく、政令・省令・指針・通達・告示なども存在し、実務上重要な役割を果たしており、その違いを理解する必要があります。

また、労働法は純粋な民事法ではなく行政法の側面があります。国民である労働者の生命・身体・健康にかかわる分野については、行政が一定程度関与する仕組みになっております。そのため、労働基準法や労働安全衛生法を根拠に労働基準監督署が行政指導等を行うことになり、前提として労働行政の仕組みや労働基準監督官の権限について理解する必要があります。

一方で労働紛争は民事紛争でもあります。通常の民事紛争と異なり、労働組合法にかかわる紛争については各都道府県にある労働委員会、紛争調整委員会のあっせんなど裁判所以外の紛争解決機関が存在しますので、その仕組みも理解する必要があります。

以下、序章では「労働法」の全体像をみていきます。

- なぜ労働法を知る必要があるのか
- 背後にある価値観が労働法制全体に影響を与える
- 労働法という法律はない
- 労働法はどのように作られるか
- 政令・省令・指針・通達・告示とはなにか
- 労働行政の仕組み
- 労働基準監督官の役割
- 労働基準監督署と裁判所と刑罰の関係
- 労働紛争処理の仕組み

LABOR LAW 1

なぜ労働法を知る必要があるのか

――正確な理解が紛争を防ぐ

■労働者の視点から

ひと昔前までは、多くの働く人は労働法に関心がなかったのですが、今や年次有給休暇や解雇、ハラスメントなど労働法が関連する問題が身近な話題になることが増えてきました。労働法を正しく知ることで、自分が持っている権利や課されている義務を知ることができます。そのことで、自分のみならず家族や友人の労務トラブルを解決できるかもしれません。

また、もしかしたら、労働法を遵守しない会社で働くこともあるかもしれません。その際は、何らかの方法で会社に改善を求めるか、もしくは転職するなどの方法で自分の待遇を改善することができます。

■使用者の視点から

私どもの法律事務所は使用者側の労働問題を主に取り扱っております。日々、労働問題に接していて今日ほど労働問題が国民の方に身近になっている時代はないと痛感します。労働問題がニュースの主要テーマを占める割合が年々増えている印象を受けます。

特に、影響が大きいのはインターネットニュースです。たとえば、Ｙａｈｏｏ！ニュースという、Ｙａｈｏｏ！という検索サイトのニュースサイトの影響力は大きく、現在はインターネットニュースで取り上げられてから新聞・テレビが後追いで報道することもあるくらい世論に影響力を有します。

また、多くの転職希望者が転職口コミサイトを見て応募をするかしないか、入社するかしないかを決めますが、最大の関心事の1つは労働法令遵守やハラスメントの有無です。「応募者が来ない」と嘆いている会社は、実は転職口コミサイトですでに求職者のテストに落ちている可能性があります。そのため、経営の面からも労働法を正確に知り、労働法令を遵守したり、ハラスメントを予防しないと特に優秀な人材は会社に応募してこなくなり、会社の業績も中長期的には伸びなくなります。正確な労働法の理解はもはや企業として存続するためには不可欠となりつつあります。

LABOR LAW 2

背後にある価値観が労働法制全体に影響を与える

背後にある価値観が日本の労働法制に大きな影響を与えることを理解しないと、なかなか労働法の全体像をとらえることができません。そこで、アメリカ労働法との比較を通じて労働法の全体像を記載いたします。

日本ではよくEU諸国の労働法が比較対象として挙げられるのですが、むしろまったく制度に対する思想が異なるアメリカ労働法をもとに説明をしたほうがわかりやすいと考え、アメリカ労働法を対比させつつ、ご紹介いたします。

■なぜアメリカ労働法なのか

アメリカの雇用形態の特徴は、職務を明確にしたジョブ型雇用・裁量労働・成果主義などです。

一方、日本の雇用形態の特徴は採用してから職務を割り振るメンバーシップ型雇用・年功型です。ですから、日本の正社員は入社した企業内であらゆる部署・拠点に異動する可能性がありますが、アメリカの場合は特定の業務・ポジション・拠点に限定し採用されることがほとんどです。

アメリカの場合、職務内容は**ジョブ・ディスクリプション**（担当職務の内容が必要なスキルなどを記述した書類）で定義されますが、日本の場合、外資企業でない限りは明確なものはありません。

アメリカでは成果を重視しますが、日本の場合は必ずしも成果を重視せず、長期の安定した雇用での貢献を重視します。

非常に対照的な両国であるため、比較対象として適当であると考えました。

■アメリカ労働法と日本の労働法では重視するものが異なる

日本の労働基準法に相当する法律は、アメリカではＦＬＳＡといい、正式にはThe Fair Labor Standards Act（公正労働基準法）というものです。「公正」という意味のＦａｉｒという文字が入っているため、労使間が公正であるための法律のように思えますが、実際は一定のルールを定めて企業間競争の「公正」を確保するためのものです。

そのため、政府がなるべく民間企業の労使関係に介入する程度を減らし、契約の自由を重んじており、規制内容は日本に比べて少なく、最低賃金、時間外労働に対する割増賃金及び年少者の労働等に制限されています（その他は各州で定めます）。

一方、日本の労働基準法は労働者を守るための基準となる法律であり、詳細に労働時間の上限、休憩、休日、年次有給休暇の定めがあります。

■解雇法制は労働法制全体に影響を与える

読者のなかにも、日本の解雇規制が企業にとって厳しいものであることをご存知の方がいるかもしれません。日本の場合は、現在労働契約法第16条があり、解雇には「解雇は、客観的に合理的な理由を欠き、社会通念上相当であると認められない場合は、その権利を濫用したものとして、無効とする」とされています。「客観的に合理的な理由」「社会通念上相当」というとピンとこないかもしれませんが、たとえば、営業成績が最下位であったり、人事評価が最下位であっても、それのみを理由とした解雇は無効となりますし、会社が赤字であるというだけでは従業員を解雇できません。

一方、アメリカは解雇規制が企業にとって緩やかであることでも有名です。アメリカでは雇用者と労働者はあくまで対等の立場で契約を締結しており、この契約は at-will employment doctrine と呼ばれ、随意雇用原則と訳されています（at-will または at-will 雇用契約原則といわれることもあります）。その内容は，期間の定めのある契約ではない被用者は，いかなる理由によっても，あるいは何らの理由なくして解雇されうるというものです。

このように解雇規制だけを取り上げるとアメリカは労働者に厳しく、日本は労働者に優しい国であるというイメージを持つかもしれません。ところが、労働法制は全体のバランスを取っていることが多く、解雇法制が全体のバランスに影響を与えます。以下に述べるとおり、日本の厳しい解雇規制が労働法の全体像に影響を与えていることがわかります。

■解雇規制が影響を与える採用規制

アメリカの場合、採用で問題になるのは差別問題です。

アメリカ労働法の考え方は、能力や成績等本人の努力で改善できる理由で解雇をすることは構わないが、人種・性別・宗教・国籍等本人の努力では如何ともし難い理由で解雇をすることは許されないという考えに立っています。

この考えは採用についても影響を及ぼしており、履歴書に写真を貼ることを禁止している州もあります。人種や性別がわかってしまい差別につながりかねないからです。また、年齢の記載を禁止している州もあります。年齢による差別につながりかねないからです。採用面接でも、宗教や政治思想について質問をすることは禁止されています。

一方、日本は、労働施策総合推進法（旧雇用対策法）により、求人広告等に年齢制限や性別制限を付けることは禁止されているものの、履歴書に写真を貼ってはいけないとか年齢を書いてはいけないといった規制はありません。また、採用面接でこれは聞いてはいけないという明確な法規制はありません（もちろん、男女差別等の発言をすれば民法上の不法行為には該当します)。非常に緩やかであるといえます。私の推測ですが、解雇規制が厳しいこともあり、あまり採用段階で厳しい規制をかけていないのではないかと思われます。

これは日本とアメリカの労働法の背景にある考え方がまったく異なることによる差異で、解雇規制が採用規制に影響を与えています。

■労働時間

日本の労働時間法制は、戦後の混乱期に旧工場法をモデルとして生まれました。正社員の解雇規制が厳しいため、忙しいときは人を新規に採用するのではなく残業で対応し、忙しくなくなれば残業を減らすことでいわば雇用の調整弁的な機能を残業に持たせていました。ところが、長時間労働による健康被害が問題になるようになり、2019年(平成31年)4月1日から、罰則付きの労働時間上限規制が始まりました。

一方、アメリカのFLSAでは、「1週40時間を超えて使用してはならない。」と定めるのみで、「この時間を超える労働に対して、通常の1・5倍以上の率で賃金を支払われる場合はこの限りではない」と定めています。労働時間の上限についても規制はありません。また、日本のように労使協定の作成や届け出は一切不要であり、政府がなるべく民間企業の労使関係に介入する程度を減らそうとしていることがここにも表れています。

■解雇規制が影響を与える異動命令権

日本では、特段の契約等をしていなければ、会社が業務命令により従業員をさまざまな部署や業務に異動させることができます。正当な異動命令を従業員が拒否すれば、会社は解雇することもできます。

一方、アメリカでは、解雇規制は緩やかですが、企業の異動命令権は制限されます。経理担当で入社した従業員を会社の命令により、営業担当に異動させることはできず、当該従業員が拒否をしても解雇することができません。

そのため、日本では、新卒一括採用後にジョブ・ローテーションを重ねながら人材を育成していくことになりますが、アメリカでは新卒一括採用という概念すらなく、ポジションや職務ごとに採用することになり、ジョブ・ローテーションは基本的にありません。

そのため、アメリカでは、「ジョブ・ディスクリプション（JD、職務内容記述書）」という、人材を採用・配置するポジション、担当する職務内容や必要なスキルなどについて記述した書類を作成することが重要となります。

一方、日本では、ジョブ・ディスクリプションがないどころか雇用契約における業務内容も曖昧な場合が圧倒的に多くみられます。

以上のように、文化の違いも背景にはありますが、解雇規制が異動命令権に大きな影響を与えていることがわかります。

解雇規制が影響を与える日本の非正規雇用（有期雇用・派遣）

アメリカでは有期雇用を制限する法律は皆無に等しいです。解雇規制が緩やかであるため、短期の有期雇用を結ぶ必要がないからです。

派遣についても規制はほとんどありません。こちらも解雇規制が緩やかであるため、派遣従業員を保護する必要がないからです。そのため、日本のような派遣期間の制限や事前面接禁止の規制も、二重派遣の規制もありません。人材派遣は専門性が高い人材、もしくは短期に大人数が必要となる場合に用いられます（日本のように工場や事務所等ほぼあらゆる産業で用いられることはありません）。

一方、日本の場合はいわゆる非正規雇用（パートタイマー・有期雇用・派遣）の割合は労働人口の４割を占めており、しかもその賃金は正社員に比べると低い状況が続いています。これは、大手企業を中心に解雇規制が厳しい正社員を一定割合で抑えて、それ以外の労働力を非正規雇用に委ね、業績不振や生産量縮小の場合に雇用の調整弁としての役割を持たせているためです。

日本に解雇規制があるから、正社員と非正規雇用との格差が生じているのかは私にはわかりませんが、アメリカと比較してみると歴然とした差があります。

■同一労働同一賃金（均衡・均等待遇）

アメリカでは、人種差別、性差別、年齢差別などに関して厳しい規制を採用していますが、雇用形態を超えた均等処遇について法制化はされていません。これは、「市場における公正な競争」や「契約の自由」を重んじるアメリカ社会の特徴に由来しています。もっとも、アメリカにおいても、80年代から男女賃金格差是正を求めるペイ・エクイティ運動（欧米先進国において80年代から性別職務分離によって低く評価された女性職の再評価と男女賃金格差是正を目的とした運動）が始まり、公務部門で実績を上げ、職務賃金が普及しました。また、解雇規制が緩いこと、人材の流動性が高い（＝転職が頻繁に行われる）ことから、低い賃金に不満があれば高い賃金の仕事に転職するため、市場により賃金格差が是正されます。この結果、同じ仕事をしながら賃金に大きな差が生じることは基本的に少ないです。

一方、日本は、解雇規制から正社員と非正規雇用に事実上大きく雇用形態が分かれ、長期雇用を前提として解雇規制が厳しい正社員が優遇される状態が長い間続いてきました。この是正を行うため、働き方改革の一環として、有期雇用・パートタイマー・派遣従業員と正社員との待遇格差是正を定めたパート・有期労働法、労働者派遣法が施行されることになりました。

以上のとおり、社会の背後にある価値観が労働法制全体に影響を与えることを記載しました。何が正解というわけではなく、時代や国民の考えに従って制度も正確に理解し、社会の変化に応じて制度を変更することも時には必要になります。

LABOR LAW 3

労働法という法律はない

労働法とは労働関係を規律する法の総称であり、労働法という名称の法律は存在しません。主な法律として、労働基準法、労働契約法、労働安全衛生法、男女雇用機会均等法、労働組合法などが挙げられます。

契約自由の原則について

契約自由の原則とは、社会生活において個人は、国家の干渉を受けることなく、自己の意思に基づいて自由に契約を結ぶことができるという民法の大原則です。

つまり、本来、雇用契約も、その内容が公序良俗に反しない限り、誰と契約するか、契約の内容をどうするか、その方式はどうするか、当事者間で自由に決められるのです。

しかし、契約自由の原則を徹底すれば、労働者にとって劣悪な労働条件の雇用契約を強いられることになりかねません。そのため、以下のような「労働法」が制定され、現在に至ります。

（1）労働基準法

労働基準法では、主に労働時間、賃金に関する規制がなされています。

労働時間に関しては、1日8時間、週40時間という法定労働時間が定められ、時間外労働（残業）に関しては使用者と労働者の過半数の代表者が、時間外労働、休日労働についての協定（三六協定）を締結し、所轄の労働基準監督署に届け出なくてはならないという規制がかけられています（労働基準法第36条）。

賃金に関しては、使用者は通貨で賃金を支払わなければならないという「通貨払いの原則」が定められています。もしも、契約自由の原則が適用されるなら、使用者と労働者が互いに納得していれば給料としてリンゴ100個を現物支給するという契約も成り立つでしょう。しかし、リンゴを100個もらっても労働者が生活できないのは明らかです。そこで、こうした理不尽な雇用契約を労働者が無理に締結させられないよう労働基準法で契約の自由を制限しているわけです。賃金の払い方に関してはその他にも、労働者本人に直接支払わなくてはいけないという「直接払いの原則」、毎月1回以上、一定期日に支払わなくてはならないという「毎月1回以上・一定期日払いの原則」、賃金を全額支払わなくてはならないという「全額払いの原則」などさまざまな規制がかけられています。

労働基準法は労働者を保護するための法律で、労働契約で定める労働条件が、労働基準法の基準に達しない場合は、その部分は無効となり、労働基準法が定める基準に置き換わります

（労働基準法第13条）。

（2）労働契約法

労働契約法では、労働契約に関するさまざまなルールが定められています。就業規則、懲戒処分や解雇の有効性に関するルールなどです。本来、契約自由の原則により労働者と使用者はどのような契約を結んでもよいはずですが、立場の弱い労働者が不利益を被らないようにするために、労働契約法で一定のルールを定めているのです。そのため、労働契約法に反する契約を結んでも無効になります。たとえば、「会社はいつでも従業員をいかなる理由であっても解雇できる」と契約書に盛り込んだとしても、労働契約法第16条[*1]に違反するため、このような条項は無効となります。この点では労働基準法と似ています。

では、労働契約法と労働基準法の違いはどこにあるのでしょうか。

労働契約法に違反したとしても、労働基準監督署が送検をして、検察官が起訴をすることにより裁判所が刑罰を科すことはありません。労働基準法は、行政の取り締まりの根拠となる法

＊1　労働契約法第16条には「解雇は、客観的に合理的な理由を欠き、社会通念上相当であると認められない場合は、その権利を濫用したものとして、無効とする。」と規定されています。

律で、この法律を根拠に労働基準監督署が行政指導を行うことができ、重大な違反行為については刑罰が科されます。この点が労働基準法と労働契約法の大きな違いとなります。

よく「不当解雇だ。労基署に訴えてやる」等のインターネット上の書き込みをみますが、解雇予告手当についての規制について労働基準監督署は行政指導を行うことができても、労働契約法第16条に定める解雇の有効性について労働基準監督署は扱うことができず、裁判所に訴訟などを起こさなければなりません。

（3）労働安全衛生法

労働安全衛生法とは、労働災害を防止し、職場における労働者の安全と健康を守るための法律です。たとえば鳶職の労働者が高所で作業をする場合、命綱があると作業を進めにくいという理由で命綱の装着を拒否したらどうでしょうか。たとえ事故が起こっても使用者の責任は問わないという契約を結んでいたとしても、当然のことながら認められません。

労働災害は労働者の生命に関わるため、たとえ労働者の同意が得られなくても使用者はその防止対策を推進することを義務付けられています。労働者の安全と健康は、契約自由の原則よりも重視されるのです。

LABOR LAW 4

労働法はどのように作られるか

労働法が作られる過程は一律に同じではありませんが、以下、一般的に踏む過程をご紹介致します。

■検討会

厚生労働省には、労働基準局が主催する「検討会」が置かれています。検討会では、複数回検討を行い、最終報告・論点整理がとりまとめられます。最終報告・論点整理結果を受けて労働政策審議会が開催され、法案化に向けて動き出すことになります。

参加者は大学教授が多いですが、実務家等も参加します。2018年から2019年にかけて行われた「賃金等請求権の消滅時効の在り方に関する検討会」の最終報告により、労働政策審議会が開催され、その結果、労働基準法が改正され（2020年4月1日施行）、賃金債権の消滅時効が延長されました。

また、「解雇無効時の金銭救済制度に係る法技術的論点に関する検討会」も2018年から行われており、解雇無効時の金銭救済制度が法制化される可能性もあります。
検討会の議事録は厚生労働省のホームページに公開されており、誰でも読むことができます。

■労働政策審議会

労働政策審議会は、中央省庁再編に伴い、従来の中央労働基準審議会や中央職業安定審議会など13の審議会を統合し、平成13年1月6日、厚生労働省設置法第6条第1項に基づき設置されました。労働政策審議会は、厚生労働省設置法第9条に基づき、厚生労働大臣等の諮問に応じて、労働政策に関する重要事項の調査審議を行います。また、労働政策審議会は、労働政策に関する重要事項について、厚生労働大臣等に意見を述べることができます。

本審議会は、厚生労働大臣が任命する30名の委員（公益代表委員・労働者代表委員・使用者代表委員の各10名）で組織されています。委員の任期は2年とされ、再任することができます。

労働分野のルールは、現場を熟知した当事者である労使が参加して決めることが重要とされていて、数多くの分野で、公労使三者構成の原則をとるように規定されています。そのために、労働分野の法律改正等については、労働政策審議会（公労使三者構成）において建議、法律案要綱等の諮問・答申を行っています。

労働政策審議会においては、7の分科会と16の部会が設置されており、それぞれの所掌事務について調査審議が行われます。

労働政策審議会で議論がなされず、議員立法で法律が成立する場合もあります。研究開発力強化法の改正内容は、労働契約法第18条の無期転換権付与のための雇用期間である5年を、大学教員や研究所研究員等について10年と読み替えるものでしたが、その際には、通常見られる労働政策審議会での審議会は一切なされず、２０１３年（平成25年）12月、議員立法で成立しました（施行は２０１４年4月から）。

労働政策審議会の議事録も厚生労働省のホームページに公開されており、誰でも読むことができます。

■法律案の作成

内閣が提出する法律案の原案の作成は、それを所管する各省庁において行われます。労働法であれば、厚生労働省が、新たな法律の制定又は既存の法律の改正若しくは廃止の方針が決定されると、法律案の第一次案を作成します。この第一次案を基に関係する省庁との意見調整等が行われます。

さらに、審議会に対する諮問又は公聴会における意見聴取等を必要とする場合には、これらの手続を済ませます。そして、法律案提出の見通しがつくと、その主管省庁は、法文化の作業を行い、法律案の原案ができあがります。

内閣が提出する法律案については、閣議に付される前にすべて内閣法制局における審査が行われます（憲法や他の現行の法制との関係、立法内容の法的妥当性、立案の意図が、法文の上に正確に表現されているか等）。その結果を受けて内閣官房に回付します。

■閣議決定・国会審議・議決

閣議請議された法律案については、異議なく閣議決定が行われると、内閣総理大臣からその法律案が国会（衆議院又は参議院）に提出されます。

内閣提出の法律案が衆議院又は参議院に提出されると、原則として、その法律案の提出を受けた議院の議長は、これを適当な委員会に付託します。

委員会における審議は、まず、国務大臣の法律案の提案理由説明から始まり、審査に入ります。審査は、主として法律案に対する質疑応答の形式で進められます。委員会における質疑、討論が終局したときは、委員長が、問題を宣告して、表決に付します。委員会における法律案の審議が終了すれば、その審議は、本会議に移行します。

内閣提出の法律案が、衆議院又は参議院のいずれか先に提出された議院において、委員会及び本会議の表決の手続を経て可決されると、その法律案は、他の議院に送付されます。送付を受けた議院においても、委員会及び本会議の審議、表決の手続が行われます。

法律案は、憲法に特別の定めのある場合を除いては、衆議院及び参議院の両議院で可決したとき法律となります。

■法律の公布・施行

法律は、法律の成立後、後議院の議長から内閣を経由して奏上された日から30日以内に公布されなければなりません（官報によって公布します）。

「公布」は、成立した法律を一般に周知させる目的で、国民が知ることのできる状態に置くことをいい、法律が現実に発効し、作用するためには、それが公布されることが必要です。

なお、法律の効力が一般的、現実的に発動し、作用することになることを「施行」といい、公布された法律がいつから施行されるかについては、通常、その法律の附則で定められています。法律の公布に当たっては、その法律に法律番号が付けられ、主任の国務大臣の署名及び内閣総理大臣の連署がされます。

参照（https://www.clb.go.jp）

LABOR LAW 5

政令・省令・指針・通達・告示とはなにか

何気なく使う政令・省令・指針・通達・告示などの用語ですが、それぞれ位置づけや役割が異なります。

■実務上重要な役割を担う政令・省令・指針（ガイドライン）・通達・告示

労働基準法のみならず、たとえば男女雇用機会均等法、育児・介護休業法はいずれも条文が抽象的で人事労務の実務を運営していくうえでは不明な点が多々あります。

そのため、労働法関連分野では政令・省令・指針・通達・告示が政府・厚生労働省から出されます。これらが実務上重要な役割を果たすことがあり、実務の指針になるとともに、法律解釈が争点になる場合でも、訴訟の勝敗に影響を与えることがあります。

さまざまな法令や通達が労働法では問題になりますので以下概念を説明します。

（1）法令とは

法令とは、一般に、法律と命令の総称を指します。以下に説明する憲法、法律、政令、省令が法令にあたります。告示は原則として法令に該当しませんが、一部法令に該当するものがあります。

〈優劣関係〉

各種法令と通達の優劣関係は以下のとおりとなります。法令を制定する場合には各法令に矛盾がないように調整するので優劣関係が問題になることはほぼありませんが、理論上、優劣関係は以下のとおりとなります。条約が国内法的効力を有する場合、法律との関係での優劣はどうなるのかが問題となりますが、条約が法律に優越すると解するのが通説的見解であり、条約は、それが国内法的効力を有する場合には、日本国憲法に次ぐ法形式としての効力を有しているということになります。

憲法 ＞ 条約 ＞ 法律 ＞ 政令 ＞ 省令 ＞ 通達

（2）憲法とは

国の根本秩序に関する法規範を指します。

労働法関連分野については、憲法第28条は「勤労者の団結する権利及び団体交渉その他の団体行動をする権利は、これを保障する。」と定めており、たとえば、労働者が集まって労働組合を結成せずにストライキを行った場合に適用されます。

（3）法律とは

法律とは「全国民を代表する選挙された議員」（憲法第43条）で組織された「国の唯一の立法機関」（憲法第41条）たる国会の「両議院で可決」（憲法第59条第1項）されることによって成立する法形式を指します。

法律に基づいて行政が行われ、法律に基づいて裁判所が判決等を出すことになります。

（4）政令とは

政令とは、憲法および法律の規定を実施するために内閣が制定する命令を指します。法律ではないため、国会の議決がなくとも制定することができます。

たとえば、内閣が制定した労働安全衛生法施行令（昭和47年08月19日政令第３１８号）、労働組合法施行令（昭和24年06月29日政令第２３１号）が政令にあたります。要するに「施行令」と名前が付くものが政令にあたります。政令は法律の委任に基づいて罰則を定めることができます。

(5)省令とは

省令とは、各省大臣がその行政事務について、法律や政令を施行するため、または法律や政令の委任に基づいて発する命令を指します。法律ではないため、国会の議決がなくとも制定することができます。憲法、法律、政令、省令までを法令と呼びます。

労働基準法施行規則（昭和二十二年八月三十日厚生省令第二十三号）、労働安全衛生規則（昭和47年9月30日労働省令第32号）が省令にあたります。要するに「規則」と名前が付くものが省令です。

(6)指針とは

指針はガイドラインとも呼ばれます。これも法令ではありません。ガイドラインとは指針とか基準とかを意味する言葉で、それ以上の意味もなければそれ以下の意味もありません。「こういう基準で具体的な法律の運用をしなさい」という通達として出されることもあれば、民間事業者に向けて要望として出されることもあります。誰に向けての、何のためのガイドラインなのか、まずその性格を確かめたいところです。

(7)通達とは

通達は、国民に向けられたものではなく行政機関が下部機関である他の行政機関に出す命令や指示です。ただし、法令そのものではなく、法的拘束力はありません。法令を解釈する上での疑問点や注意点を記載しているため、実務では非常に重要な役割を有します。通達は以前は公開されていなかったのですが、現在、厚生労働省のＨＰ（https://www.mhlw.go.jp/hourei/）に一部公開されております。

（８）告示とは

告示も法令ではありません。告示は国民に対する情報発信です。特に重要な内容で国民に知らせたいことを「○○省告示第○○号」などとして示すのです。お知らせに過ぎないために一般的には法令ではないと考えられています。たとえば、労働基準法の分野で有名なものは、労働基準法第36条第2項の規定に基づき、労働基準法第36条第1項の協定で定める労働時間の延長の限度等に関する基準（平成10年12月28日　労働省告示第１５４号）があります。三六協定の上限時間について基準を国民に向けて「告示」したもので、広く周知する必要がありました。多くの場合、法的拘束力がないとされています。

LABOR LAW 6

労働行政の仕組み

■労働行政には3つの分野がある

行政は国民の代表である国会議員から構成される国会が議決した法律に基づいて行政活動を行います。法律の根拠がなければ行政は行動することはできません。

法律は、本章第4項のとおりの流れで制定されるとして、実際の労働行政はどのような仕組みで動いているのでしょうか。

労働行政には、労働基準行政、職業安定行政、雇用環境・均等行政の3つの分野があります（出典：厚生労働省HP）。

（1）労働基準行政

労働者が健康で安心して働ける職場をつくり、豊かでゆとりある生活が送れることを目指して、賃金支払いの確保等労働条件の確保・改善、労働時間対策、労働者の安全と健康の確保、迅速で的確な労災補償などに取り組んでいます。

（2）職業安定行政

雇用の安定、再就職の促進を図ること、経済・産業構造の転換に的確に対応することを目指し、新たな雇用機会の創出、雇用保険制度の安定的運営の確保、労働力需給のミスマッチの解消、高齢者・障害者などの雇用の促進、若年者に対する就職支援などに取り組んでいます。

（3）雇用環境・均等行政

労働者が性別により差別されることなく能力を十分に発揮できる雇用環境を整備し、男女労働者が働きながら育児や家族介護を行いやすく、また、パートタイム労働者が能力を有効に発揮できる環境をつくるため、男女雇用機会均等法をはじめとした各種法律に基づいて、労働者・事業主からの相談対応や事業主に対する指導などに取り組んでいます。

組織図は次頁のとおりです（厚生労働省ＨＰ）。

この図のなかで国民である我々に直接関わるのは地方支分部局で、特に、都道府県労働局の

◎厚生労働省組織図

厚生労働省組織図

大臣官房	人事課、総務課、会計課、地方課、国際課、厚生科学課
統計情報部	企画課、人口動態・保健統計課、社会統計課、雇用統計課、賃金福祉統計課
医政局	総務課、政策医療課、指導課、医事課、歯科保健課、看護課、経済課、研究開発振興課
健康局	総務課、疾病対策課、結核感染症課、生活衛生課、水道課
医薬食品局	総務課、審査管理課、安全対策課、監視指導・麻薬対策課、血液対策課
食品安全部	企画情報課、基準審査課、監視安全課
労働基準局	総務課、監督課、労働保険徴収課
安全衛生部	計画課、安全課、労働衛生課、化学物質対策課
労災補償部	労災管理課、補償課、労災保険業務室
勤労者生活部	企画課、勤労者生活課
職業安定局	総務課、雇用政策課、雇用開発課、雇用保険課、需給調整事業課、外国人雇用対策課、労働市場センター業務室
高齢・障害者雇用対策部	企画課、高齢者雇用対策課、障害者雇用対策課
職業能力開発局	総務課、能力開発課、育成支援課、能力評価課、海外協力課
雇用均等・児童家庭局	総務課、雇用均等政策課、職業家庭両立課、短時間・在宅労働課、家庭福祉課、育成環境課、保育課、母子保健課
社会・援護局	総務課、保護課、地域福祉課、福祉基盤課、援護企画課、援護課、業務課
障害保健福祉部	企画課、障害福祉課、精神・障害保健課
老健局	総務課、介護保険計画課、高齢者支援課、振興課、老人保健課
保険局	総務課、保険課、国民健康保険課、高齢者医療課、医療課、調査課
年金局	総務課、年金課、国際年金課、企業年金国民年金基金課、数理課、事業企画課、事業管理課
政策統括官	社会保障担当参事官室、労働政策担当参事官室、労政担当参事官室、労使関係担当参事官室、政策評価官室

［施設等機関］
研究所等（4）…国立医薬品食品衛生研究所、国立保健医療科学院、国立社会保障・人口問題研究所、国立感染症研究所
国立ハンセン病療養所（13）
検疫所（13）
更生援護機関（10）…国立児童自立支援施設2、国立光明寮4、国立保養所2、国立知的障害児施設、国立障害者リハビリテーションセンター

［審議会等］
社会保障審議会、厚生科学審議会、労働政策審議会、医道審議会、薬事・食品衛生審議会、独立行政法人評価委員会、がん対策推進協議会、肝炎対策推進協議会、中央最低賃金審議会、労働保険審査会、中央社会保険医療協議会、社会保険審査会、疾病・障害認定審査会、援護審査会

［地方支分部局］ 地方厚生（支）局（8）、都道府県労働局（47）

［外局］ 中央労働委員会 ― 事務局
- 総務課、審査課、調整第一課、調整第二課、調整第三課、審査総括官2
- 地方事務所（7）

出典：厚生労働省HP

◎都道府県労働局の標準的な組織体制

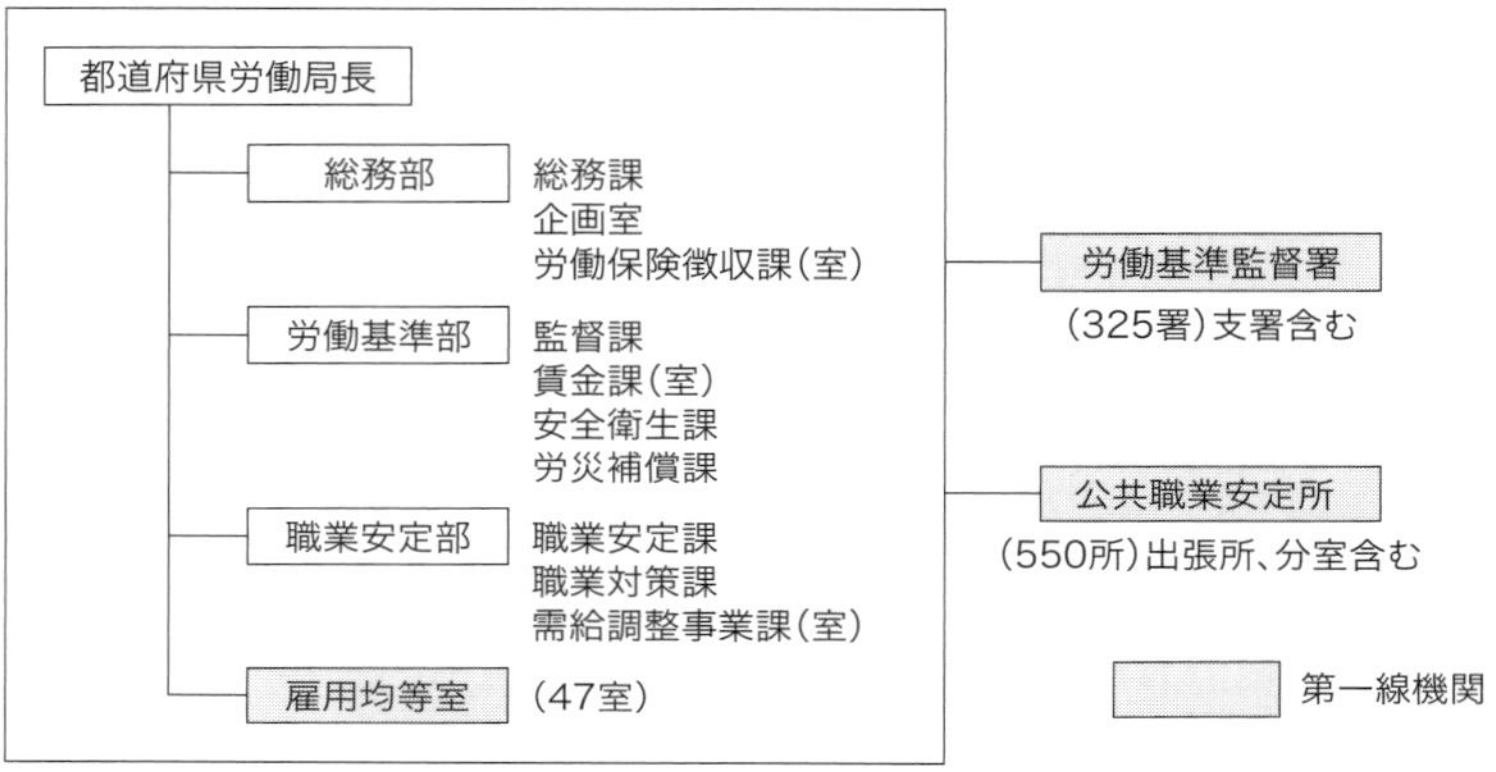

出典：内閣府HP

下に置かれている労働基準監督署と公共職業安定所が大きく関わります。

・都道府県労働局

都道府県労働局は、地域における総合労働行政機関としての任務を果たしています。

労働基準監督署・公共職業安定所（ハローワーク）の上部機関として業務指導を行うとともに、雇用均等行政や労働者派遣制度の業務を実施しています。

・労働基準監督署

労働基準法などに定められた労働条件が守られるように監督を行っています。そのほか、賃金制度の改善、労働時間の短縮、労働災害の防止に向けた対策や、労働保険の給付を行っています。

・公共職業安定所（ハローワーク）

労働力の需給調整を図るために、求職者・求人者双方に対する相談・職業紹介や、雇用保険適用・給付事務及び雇用促進のための助成金支給などを行っています。

LABOR LAW 7

労働基準監督官の役割

労働基準監督官は、労働基準法や労働安全衛生法などの関係法令に基づいて、事業場（工場や事務所など）に立ち入り、法に定める労働条件や安全衛生の基準を事業主が守るよう必要な指導を行い、労働条件の確保・向上と働く人の安全や健康の確保を図ります。また、不幸にして労働災害に遭われた方に対する労災補償の業務を行います。

企業が労働基準関係法令の理解を深め、適正な労働条件の定着を図っていくことができるよう努めています。

■労働基準監督官の権限

- 調査のため、事業場の帳簿書類を確認したり、従業員などに尋問したりすることができます。

労働基準法第101条第1項等

「労働基準監督官は、事業場、寄宿舎その他の附属建設物に臨検し、帳簿及び書類の提出を求め、又は使用者若しくは労働者に対して尋問を行うことができる。」

・立ち入りや調査を拒んだり、妨げたりした者は、労働基準法により処罰される場合があります。

労働基準法第１２０条

「次の各号のいずれかに該当する者は、三十万円以下の罰金に処する。

四　第百一条の規定による労働基準監督官（中略）の臨検を拒み、妨げ、若しくは忌避し、その尋問に対して陳述をせず、若しくは虚偽の陳述をし、帳簿書類の提出をせず、又は虚偽の記載をした帳簿書類の提出をした者」

■労働基準監督官が取り扱う法律

労働基準監督官が取り扱う、労働基準法、最低賃金法、労働安全衛生法、じん肺法、家内労働法、賃金の支払の確保等に関する法律などを指して、労働基準関係法令といいます。ここで注目するべきは労働契約法や民法が含まれないということです。そのため解雇や配置転換、退職のトラブルなど労働契約にかかわるトラブルについては、労働基準監督官は扱うことができません。

■労働基準監督官が行う監督指導

労働基準法、労働安全衛生法などの法律に基づき、定期的にあるいは働く人からの情報を契機として、事業場に立ち入るなどにより、機械・設備や帳簿などを検査して、関係労働者の労働条件について調査を行います。法違反が認められた場合には、事業主などに対しその是正を指導するほか、危険性の高い機械・設備などについては、その場で使用停止などを命ずる行政処分を行うこともあります。

■労働基準監督官が取り扱う申告

労働者は、労働基準関係法令違反がある場合には、労働基準監督官に行政指導を求めること（申告）ができます（労働基準法第１０４条等）。

これを契機として、労働基準監督官が事業場に臨検するほか、事業主などに来署を求め、直接、事情を聴取するなどの方法により事実関係の確認を行い、その結果、法違反が認められた場合には、是正を図るよう監督指導を行います。

■労働基準監督官が行う司法処分

監督指導の結果、是正勧告を受けた法違反を是正しないなど重大・悪質な事案については、強制捜査を含む司法警察権限を行使し、送検します。東京労働局が令和元年6月5日に発表したプレスリリースによると、同局管内では、平成30年度に78件送検しており、その内訳は、労災隠しや、機械などの安全基準を満たさないために労働災害を発生させた事案などの労働安全衛生法違反被疑事件が約40％、賃金不払や違法な長時間労働などの労働基準法等違反被疑事件が約60％となっています。

LABOR LAW 8

労働基準監督署と裁判所と刑罰の関係

■労働基準監督署は刑罰を科すことはできない

新聞等で「未払い残業代、労働基準監督署による書類送検」「労働基準法違反、略式起訴罰金命令」等の記事を見たことがある方もいると思います。この記載を見ると労働基準監督署が刑罰を科すことができそうですが、実際は刑罰を科すことができるのは裁判所だけで、行政機関である労働基準監督署は刑罰を科すことはできません。

■労働基準監督官は民事上の支払命令を出すことはできない

また、新聞等で「○○商事　労働基準監督署による是正勧告　未払い残業代○億円支払い」等の記事を見たこともあると思います。こういう記事を読むと、労働基準監督署は未払い残業代を強制的に支払わせることができる権限を有していそうですが、行政機関である労働基準監督署は民事上の支払命令を出すことはできません。民事上の支払命令を出すことができるのは裁判所だけです。

国会議員の以下の質問に対する政府の答弁は次頁のとおりです。


「六　タイムカードの打刻時刻から算出された労働時間の中身につき、労使に争いがある場合、これは当事者間で解決すべき問題であり、紛争解決の最終手段として、民事訴訟が用意されている。

しかし、是正行政の現場では、監督官の裁量により、「賃金請求権の時効にかからない、二年間の遡及是正」や「六ヶ月間の是正遡及」といった勧告がされている。しかしこれは民事の問題であり、たとえば、交通事故の現場に駆けつけた警察官が、加害者に対し「被害者の損害賠償金として○○万円、いつまでに支払いなさい」と命令することと同じである。こうした、民事に関する事案に支払命令を出す権限があるのは、三権分立の精神からして、裁判所に限定されるものであると解される。

はたして、監督官には、民事に介入する、すなわち労働時間数、金額が確定していない残業代請求に関し、こうした遡及是正を勧告する権限があるのか、法的根拠を明らかにしお示しいただきたい。」

「三及び六について
労働基準監督官は、臨検等の結果、労働基準法に違反して賃金が支払われていないことが確認された場合や、労働時間数等の全部又は一部について賃金が支払われていない事実がある旨の労働者からの申告があることなど、同法に違反して賃金が支払われていない疑いがあるため、使用者に対し当該労働時間数等を自主的に確認するよう指導を行った結果、同法に違反することが確認された場合には、当該違反を的確に是正させるため、使用者に対しその不払賃金の支払をするよう勧告を行うものである。
これらの勧告や指導は、厚生労働省設置法（平成十一年法律第九十七号）第四条第一項第四十一号に掲げる厚生労働省の所掌事務に関する行政指導として行うものである。」（平成二十二年十一月九日http://www.shugiin.go.jp/internet/itdb_shitsumon.nsf/html/shitsumon/b176103.htm）

■労働基準監督官は是正勧告を行うことができる

上記政府答弁では、労働基準監督官が労働基準法違反に対し、行政指導を行うことができると回答しています。

多くの場合、労働基準監督官の是正勧告に応じて、労働基準監督官と相談しながら企業は未払い残業代等を支払います。

■伝家の宝刀「送検」を行うことができる

では、刑罰も科すことができず、民事上の支払命令を労働基準監督官が出すことはできないのに、企業は未払い残業代等を支払うのでしょうか。

労働基準監督官には、上記是正勧告に従わない場合、重大な違法行為を行っていた場合は、送検をする権限が与えられています。

「送検」というのは、「検」察庁に書類もしくは身柄を「送」ることを略した表現です。これは刑事訴訟法第246条本文[*1]に定められています。多くの場合は警察官が行うのですが、労働基準監督官は警察官と同じ権限を与えられているため、「送検」を行うことができます。

なぜ検察庁に「送検」する必要があるかというと、刑事裁判を起こす権限＝起訴権限は検察官が独占していて、検察庁に所属する検察官に「送検」する必要があるからです。この手続自

＊1　刑事訴訟法第246条：「司法警察員は、犯罪の捜査をしたときは、この法律に特別の定のある場合を除いては、速やかに書類及び証拠物とともに事件を検察官に送致しなければならない。但し、検察官が指定した事件については、この限りでない。」

体は刑事訴訟法上で定められたものに過ぎないのですが、「送検」をするということは、労働基準監督官が刑罰を科すに値する事案だと評価していることを指し、実際に罰金刑等の刑事罰を科せられることが多いからです。そのため、特に大企業や上場企業は送検されることを恐れ、労働基準監督官の是正勧告に従う面があります。

LABOR LAW 9

労働紛争処理の仕組み
――解雇・残業代のトラブルが発生してから解決に至るまでの流れを整理する

■労働基準監督署の役割

第7項で説明したとおり、労働基準監督署が取り扱うのは未払い賃金（残業代も含む）等の労働基準法や労働安全衛生法に関する問題であり、解雇が有効か無効かについては扱いません。未払い賃金（残業代を含む）があれば、行政指導や是正勧告を行いますが、解雇の有効性については判断できず、実務上は以下に述べる都道府県労働局への相談や都道府県労働局の紛争調整委員会のあっせん制度を経て弁護士会への相談を勧めていると思います。

■労働紛争処理の方法

(1)都道府県労働局長による助言・指導

都道府県労働局には総合労働相談コーナーがあり（労働基準監督署内部にあることもあります）、関連する法令・裁判例などの情報提供、助言・指導制度についての説明を行います。助言・

指導の申出を行った場合、都道府県労働局長による助言・指導が実施され、解決した場合は終了となります。解決されなかった場合は、希望に応じてあっせんへの移行又は他の紛争解決機関の説明・紹介を行います。

（2）都道府県労働局の紛争調整委員会によるあっせん制度

紛争当事者の間に労働問題の専門家が入り、双方の主張の要点を確かめ、調整を行い、話し合いを促進することにより、紛争の解決を図ります（利用は無料です）。

裁判に比べ手続きが迅速かつ簡便で、弁護士、大学教授、社会保険労務士などの労働問題の専門家である紛争調整委員が担当します。

あっせんの手続きは非公開であり、紛争当事者のプライバシーは保護されます。

ただし、あっせんに応じるか応じないかは自由ですし、あっせんで決まった和解内容を守らなかった場合、強制執行はできません。この点は裁判に比べると緩やかな解決方法といえます。

（3）労働審判

労働審判手続は，労働審判官（裁判官）1人と労働関係に関する専門的な知識と経験を有する労働審判員2人で組織された労働審判委員会が、個別労働紛争を原則として3回以内の期日で審理し適宜調停を試み調停による解決に至らない場合には事案の実情に応じた柔軟な解決を図るための労働審判を行うという紛争解決手続です。労働審判に対して当事者から異議の申立てがあれば、労働審判はその効力を失い、労働審判事件は訴訟に移行します。

通常の訴訟とは異なり、3回以内で話し合いによる調停解決もしくは審判で結論が出るため、裁判所の手続きでは比較的迅速に解決ができる制度です。

（4）保全処分（仮処分）

保全処分とは、権利保全のために紛争の最終的解決に至るまで、裁判所によって行われる暫定的処分を指します。仮差押え、仮処分も含まれます。

労働者の権利が認められる見通しがあり（被保全権利の存在）、生活に困っているなどの事情（保全の必要性）があれば、裁判所は、使用者に仮に給料を支払えなどと命令します。労働審判は当事者が異議を申し立てれば強制執行できませんが、仮処分自体は当事者が異議を申し立てても強制執行を行うことができます。

審理も非常にスピーディーで、申立てから大体2週間以内に第一回期日が入ります。早い場合は3か月程度で結論が出て、上記の被保全権利の存在と保全の必要性が認められれば、賃金仮払いの仮処分命令が出て、仮に賃金を支払わなければならなくなります。

（5）通常訴訟

通常の民事訴訟です。公開の法廷で原則行われ、途中から非公開の弁論準備手続に入ります。その間、お互いの主張（書面）と証拠を裁判所に提出し、紛争解決を目指すものです。やはり、労働審判や仮処分よりは長く審理がかかる傾向があり、判決まで1年以上かかることも稀ではありません。もっとも、テレビのイメージと異なり、証人尋問に至る事例は少なく、多くは書面のやりとりを重ねて、裁判所が心証を述べて和解に至ることになります。

LABOR
LAW

第1章

労働法の歴史と現在

第1章　サマリー

序章でも述べましたが、法律は、実は立法者（国会、法律を事実上作成する行政当局、法律起草者）の思想や目的のもとに作られているものが多く、法律を理解するためには立法者の考えを理解する必要があります。

日本の労働法は明治時代末期の工場法に遡りますが、大きな転換点は太平洋戦争終戦以降のＧＨＱによる統治時代にあり、労働基準法や労働組合法など現在の日本の労働法の基礎を形作る基本的な法律が成立しました。

このＧＨＱ時代の議論が労働基準法や労働組合法にどのように反映され、現在に至っているのかを知ることは現在の労働法を知るうえで有益になります。

特に現在の労働基準法は、戦後に制定されてから大きく変わっておらず、制定時にどのような議論がなされたかを知ることで、現在の労働基準法への理解が深まります。

労働組合法は、当時の激しかった労働争議の影響とアメリカ法の影響を受けたものになっております。時代も変わり、激しい労働争議は起きなくなりましたが、制定過程の議論は興味深いものです。

また、労働契約法は労働基準法や労働組合法と対照的に戦後から大分経過した２００７年

（平成19年）に成立しました。労働契約法は過去の最高裁判例を基にした最大公約数的な内容にはなっているものの、これまで明確になっていなかった争点について決着を付けたところに意義があります。

以下、第1章では「労働法の歴史と現在」をみていきます。

- **労働法の出発点は『あゝ野麦峠』『女工哀史』**
- **工場法モデル**
- **労働基準法の歴史**
- **労働組合法の歴史**
- **労働契約法の歴史**

LABOR LAW 1

労働法の出発点は『あゝ野麦峠』『女工哀史』

明治後期になると、日清戦争を契機として、軍事工業をはじめとする諸工業が発展し、同時に工場労働者の数も飛躍的に増加しました。このことは同時に、労働問題の発生にもつながり、政府は、欧米諸国に倣い、工場法の制定を目指し、1897年（明治30年）に法案を提出しましたが、経済情勢、日露戦争、そして紡績業界の反対などにより、法案は成立しませんでした。

政府は、1903年（明治36年）には、農商務省から、詳細な労働調査研究結果を記した『職工事情』を刊行し、工場労働の問題を明らかにしましたが[*1]、結局、この法案も日露戦争の勃発によって成立しませんでした。

『職工事情』では、日本の産業革命下における工場を実地調査し、業種別に職工類別労働時間、休日、雇用関係、賃金などを記録し、経営者をはじめ技師、職工などからの談話をも収録していました。また住居事情や疾病、負傷に対する救済状況や慈恵施設に関する調査も行いました。

『職工事情』から当時全職工の3分の2を占めた綿糸・紡績等繊維産業の職工事情とともに、短くても12、13時間を下らない労働時間、「朝夕線香半分、正午線香1本」の休憩時間等、『あゝ野麦峠』『女工哀史』にみられるような過酷な労働実態があったことがわかります。1911年（明治44年）、ようやく工場法は制定されましたが、産業界の反対を考慮して、1916年（大正5年）9月1日の施行まではさらに5年を要しました。

＊1　石井照久『法律学全集45　労働法総論』（有斐閣、1957年）10頁

LABOR LAW 2

工場法モデル

工場法は現在の労働基準法の原型となるものです。工場法の仕組みを知ることは労働基準法の仕組みを知ることにつながります。そのため、以下では工場法モデルをご紹介します。

以下は、九州大学の野田進教授による工場法モデルです。工場法モデルには４つの特徴があり、①要保護労働者を「女子および一六歳未満の者」、②１日11時間就業時間制（休憩を含む）を確立している点、③30分または１時間の休憩時間規定のパターン、④月２回休日制の規制パターンがあります。[*1] 今から考えれば極めて限定された形で労働者を保護してきました。

さらに、⑤時間外労働の規制事由や方式も工場法モデルを下敷きにこれをアレンジして、鉱夫労役扶助規則（１９４１年に鉱夫就業扶助規則に名称変更）、商店法、工場就業時間制限令に導入をしました。

次第に成人男性全体にも規制を及ぼすようになってきましたが、休暇の定めもなく不十分なものでした。

＊1　野田進「労働時間規制立法の誕生」（日本労働法学会編『立法史料からみた労働基準法　日本労働法学会誌95号』、総合労働研究所発売、２０００年）82～83頁

LABOR LAW 3

労働基準法の歴史

■GHQが労働基準法を作ったのか

労働基準法は戦後間もない混乱期にきわめて短期間に草案ができ、成立に至ったこともあり、GHQの影響を多大に受けたのではないかとの考えもあり得ます。実際に均等待遇（特に信条、国籍差別の排除）や強制労働の禁止、女性の坑内労働禁止その他の重要規定に関連する事項に関してGHQから具体的な指示を受けていますが、後述のとおり法定労働時間や割増率においては日本政府の意見を通したことからも、GHQからの指導、助言を受けつつ、日本政府が主体的に作成したものであって、GHQから与えられた法律とまではいえないと考えます。むしろ、法定労働時間や割増率について日本独自の考えを推し進めてしまったために、戦後現在に至るまで国際標準に満たない規制が残っています。ひいては、生産性が低いといわれている現在の日本の問題点がここから出発しているように思われます。

■労働基準法制定時の議論

(1) 労働時間か拘束時間か

現在でこそ「労働時間」という概念で規制することは当たり前となりましたが、労働基準法制定時は、「労働時間」ではなく休憩時間も含んだ「拘束時間」で規制するべきとの意見が労働側から出されていました。当時の日本は戦後物資が乏しかったため、資材不足から工場を連続して稼働させることが難しく、また機械設備も充実していなかったため機械が故障して作業が中断することも多かったようです。そのため、実労働時間で労働量を測定することが難しい状況にありました。[*1]

また、後述するとおり、ILOで定める週40時間労働ではなく、週48時間労働を採用したため、労働側としては実際の労働時間を制限する狙いがありました。

政府は、当時の社会情勢の下でこれ以上の労働時間の短縮は難しいとして、最終的には現在の「労働時間」の概念で法定労働時間を規制することになりました。

＊1　野田進「労働時間規制立法の誕生」(日本労働法学会編『立法史料からみた労働基準法、日本労働法学会誌95号』、総合労働研究所発売、2000年) 92頁

(2) 法定労働時間

① 1日8時間労働について

ＩＬＯ条約では1日8時間労働を前提としていましたが、日本の戦前の工場法では1日11時間の就業時間制（休憩を含む）を採用していました。1日8時間労働制を採用すれば、1日あたりの労働時間が大幅に減ってしまいますが、後述するとおり25％の割増率による時間外労働を認めることで（国際基準は50％）バランスを取ることになり、1日8時間労働で決着しました。[*2]

② 週48時間労働について

ＩＬＯ条約47号では週40時間労働の原則が加盟国の目標値として確認され、アメリカ、フランスでは40時間労働制がすでに採用されていました。

週の法定労働時間は一旦、週44時間として出されましたが、結局は週48時間となりました。戦後の焼け野原からスタートせざるを得なかった当時の社会情勢と広範囲に適用対象を広げ最低の基準を定めるという労働基準法の趣旨からすれば、先進国のルールをそのまま受け入れることはできず、週48時間労働が労働基準法の法定労働時間となりました。

(3) 軟式労働時間制の採用

労働時間制には軟式労働時間制と硬式労働時間制とがあります。硬式労働時間制とは、災害・不可抗力など法律の定める特定の事由があるときのみ労働時間延長を認める制度を指します。

実は一次案では硬式労働時間制を採用していましたが、早々に硬式労働時間制を放棄し、現在の労使協定に基づけば事由無限定で時間外労働を命じることができる軟式労働時間制を採用しています。

その理由としては、①労働者に時間外労働の上限を労使協定を通じて認識させて余暇時間を確保する、②大多数の労働者は（場合によっては生活のため割増賃金の付く時間外労働をしたい場合もあるから）時間外労働を法律で厳格に規制することに反対するであろうとの2点が挙げられます。[*3]

（4）割増率

草案の段階では50％の割増率派と25％の割増率派が激しく対立しました。アメリカとソ連で

＊2　寺本広作『ある官僚の生涯』（制作センター、1976年）93頁
＊3　渡辺章編集代表『日本立法資料全集52　労働基準法〔昭和22年〕（2）』（信山社、1998年）12頁、232頁

は50％の割増率で割増賃金が既に支払われていたこと、GHQも50％以上の割増率を主張したことから50％の割増率が採用されてもおかしくない情勢でした。[*4]

しかし、1日8時間労働を採用して時間外労働が必然的に増えることが予想されたこととのバランスから25％の割増率を採用することとなりました。また、戦後の苦しい経済情勢下ではある程度の長時間労働を前提としないと国として成り立たないという危機感があり、そのためには50％の割増率では負担が重すぎると強く感じていたと思われます。

もっとも、その後現在に至るまで70年以上、割増率が原則として25％のままであること（60時間以上は50％）は、当時の立法に関わった人たちも想像していなかったと思われます。戦後当初から割増率が50％であれば日本はどのような社会になっていたのか興味深いものがあります。

（5）法定労働時間外労働の上限

2019年（平成31年）4月より、改正労働基準法に基づいて罰則付きの労働時間の上限規制が施行されています。それまで労働基準法には罰則付きの労働時間の上限規制は存在していませんでした。

実は戦後労働基準法を制定する際、時間外労働に上限規制を設けることが議論されました。労働基準法改正四次案では、1日3時間、週9時間、年150時間と時間外労働に制限を設けようとしました。その後、法定労働時間外労働の上限規制が設けられずに労働基準法が制定された理由は明確ではありません。

しかし、1日8時間の時間規制を前提とする以上、時間外労働を制限しては戦後の日本経済は成り立たないと判断して、法定労働時間外労働に上限を科さないこととしたのではないかと思われます。

(6)従業員代表はなぜ「過半数」代表者もしくは「過半数」労働組合か

現在では当たり前のように従業員代表は「過半数」代表者もしくは「過半数」労働組合となっていますが、実は根拠は明確ではありません。九州大学の野田進教授は、当時の労働組合の組織率は戦後数%だったのが、昭和21年12月には41・5%と急上昇し、労働組合は過半数を備えていたことが当然であったため「過半数」要件を求めたのではないかと思われたようです。[*5] 従業員代表についても確たる議論がなされず、なぜ今の制度に落ち着いたのかその過程の

＊4　前掲注3・281頁
＊5　前掲注1・98頁

記録に明確な理由はありません。当時の日本の置かれた状況からすれば、民主的な手続きで時間外労働を抑制する等の発想はなかったと思われます。

（7）年次有給休暇

①現在にも尾を引く「請求」の文言

年次有給休暇には付与義務構成と請求権構成があります。付与義務構成であれば使用者が自主的に年次有給休暇を労働者に与えなければなりませんが、請求権構成であれば従業員が請求して年次有給休暇を取得することができます。労働基準法制定過程では請求権構成と付与義務構成が対立し、最終的には付与義務構成で決着しました。[*6] 条文上も労働基準法第39条1項は「与えなければならない」と現在も定めています。ところが、労働基準法第39条5項で「有給休暇を労働者の請求する時季に与えなければならない」と定め、「労働者の請求」が前提であるかのような文言が残ってしまいました。本来は付与義務説であれば、「労働者の請求」は不要のはずであり、使用者が自主的に付与するべきでした。改正法の成立過程で付与義務構成になったのであれば、本来は「労働者の請求」という文言を削除するべきでしたが、なぜかそのまま残されてしまいました。

改正労働基準法により、2019年（平成31年）4月1日から年間10日以上の年次有給休暇を取得する労働者を雇用する使用者については罰則付きで5日の付与義務が課されることになりましたが、これは先進国で最低の有給取得率を改善するための立法です。

労働基準法制定時より、「労働者の請求」が前提であるかのような条文の構造から使用者による自発的な付与がなされなかったことも多少は影響していると思われます。

② 継続した休暇取得が前提であった

労働基準法制定時は、年次有給休暇は継続して取得することを前提とする案が推奨する制度や規定が存在していましたが、労働基準法制定過程においては実は「継続した六労働日」の有給取得を定めていました。ＩＬＯ52号条約2条4項は、六労働日以下の休暇の分割を禁じていたため、これを意識して案を定めていました。しかし、戦後の混乱期にある当時としては「継続した六労働日」の有給休暇は現状に合わないことから、あっさり削除され現在に至ります。*7 当時の社会情勢からすれば、年次有給休暇自体が浮世離れしている内容に思えたのでしょう。

＊6　前掲注1・105頁
＊7　前掲注1・106〜107頁

この点も、当時の政府関係者は、まさか制定後70年間経過しても、継続した休暇取得が法制化されないとは想定していないと思います。

③　出勤率要件と時季指定権は物資の買い出しのため？

労働者の時季指定権については、戦後の混乱期に物資が不足しているなか、物資の買い出しのために有給休暇が使用される可能性があることを示唆した質問がありました。実際のところ、当時の有給休暇は物資の買い出しのために使われることを想定していたようです。

また、出勤率要件についても、物資の買い出し等のため事実上休暇を取得し、出勤がままならないという社会情勢にあったために、八割の出勤率要件を定めた経緯があります。[＊8] ただ、ＩＬＯ条約にもその他の諸外国の労働法（中国や欧米諸国）にも出勤率要件を定めたものは見当たりません。このように、出勤率要件と時季指定権は戦後の混乱期の物資の買い出しのために出勤もままならないという特殊な社会情勢を背景に作られた制度といえます。

（8）幻の就業規則制定に関する労働者側同意要件

現在は、使用者は就業規則制定にあたり、従業員代表の意見を聴取すればよく同意までは不要であるといわれており、これが通説となっています。

実は労働基準法制定時には、一時期就業規則の制定には従業員代表の同意を必要としていた案が存在していましたが、[*9]なぜかすぐに案が変更され現在の法律のとおり従業員代表の意見聴取のみとなってしまいました。これは意味がわかりづらいのですが、おそらく労働組合や従業員代表に就業規則制定の拒否権を与えては、ただでさえ混乱していた戦後の生産活動がままならなくなることを怖れたのではないかと思われます。

仮にこの内容で労働基準法が成立していれば、戦後の労働問題は大きく変わり、日本の経済活動にも大きな影響を与えていたと思われます。

(9)同一価値労働同一賃金原則が原案にあった

現行の労働基準法には次頁のような記載があります。男女間での同一賃金の原則を定めたものです。

＊8　前掲注3・170頁
＊9　第5次案「第八十五条　使用者は就業規則の作成について当該事業場に労働組合があるときは労働組合、労働組合がないときは労働者の過半数を代表する者の同意を得なければならない」

（男女同一賃金の原則）

第四条　使用者は、労働者が女性であることを理由として、賃金について、男性と差別的取扱いをしてはならない。

この条文は実は労働基準法の制定過程において、「使用者は同一価値労働に対しては男女同額の賃金を支払はなければならない」との内容でした。[*10] 同一価値労働同一賃金という考え方が日本においても立法化される可能性があったのです。また、同一価値労働同一賃金の他に年齢差別の禁止も盛り込むべきであるとの議論がありました。[*11]

ところが、賃金は労働の価値の対価というより生活給としての側面が強いので、同一価値労働同一賃金の原則を明記することは難しいという見解が主流となり、[*12] 同一価値労働同一賃金の原則は修正され、年齢差別禁止も盛り込まれる現在の条文になりました。

当時は戦後の急激なインフレにより、賃金は提供した労働の価値に対するものというより生活給として値上がりが続いていた背景があったことが大きいと思われます。

仮に同一価値労働同一賃金や年齢差別禁止の条文が盛り込まれていたとしたら、戦後の賃金や人事制度は大きく変わったのではないかと思われます。

＊10　渡辺章編集代表『日本立法資料全集51　労働基準法〔昭和22年〕（1）』（信山社、1996年）238頁、277頁

＊11　前掲注10・275頁

＊12　前掲注3・528〜529頁

LABOR LAW 4

労働組合法の歴史

■労働組合法とは

労働組合法は、「労働三法」（労働組合法、労働基準法および労働関係調整法）の1つで、昭和20年12月22日法律第51号として制定され、昭和24年に全面的に改正されました。労働組合は、昭和20年に終戦を迎えるまでは、その活動を保護する法律はなく、政府から数々の弾圧を受けてきました。終戦後、GHQの後押しもあり、いち早く労働組合法が成立しました。

労働組合が使用者と対等の立場で交渉できるようにするために、団体交渉や労働協約の締結等を定めています。特に、使用者が労働組合の活動を妨害することは不当労働行為等の条文によって禁止されています。

■昭和20年に制定された労働組合法

労働組合法は、戦後すぐの１９４５年（昭和20年）に制定されましたが、昭和24年に全面的に改正されました（改正されたものを以下で「24年労組法」といいます）。昭和20年に制定された労働組合法（以下、「20年労組法」といいます）は、団結権の保障を定め、労働組合に団体交渉権限があることを確認し、団体交渉の斡旋を労働委員会の権限とするなどしました。20年労組法が制定されるまでは、労働組合と団体交渉を拒否する使用者がおり、労使の紛争が頻発していたため、まずは緩やかに団体交渉権限を確認しました。しかし、使用者が実際に団体交渉を拒否した場合は、労働委員会は、団体交渉の斡旋を行うことができ、悪質な場合は処罰を請求できるだけであり、紛争解決手段がいささか間接的でした。

■労働組合活動を抑えるためのＧＨＱ勧告の影響を受けた「24年労組法」

戦後の労使紛争が激しくなるなかで、ＧＨＱ勧告が昭和24年1月４日に出されました。その内容は以下のとおりで、なかには当時の労働組合運動を抑えるための目的もありました。

(1)不当労働行為制度の導入

ＧＨＱ勧告は、①支配干渉・財政的援助②組合員たることを鼓舞・失望させる解雇等の差別待遇、組合加入・脱退の雇用条件化③誠意ある団体交渉の拒否を不当労働行為と定めました。

ほぼＧＨＱ勧告のとおり、現在の労働組合法に採用されており、現在の不当労働行為制度の原型となっています。

（２）利益代表者の排除・組合への主要な財政援助の排除を求めた

20年労組法には利益代表者の排除や経費援助の禁止の規定は存在していましたが、厳格には運用されていませんでした。そこでGHQ勧告が御用組合排除の必要性を述べ、利益代表者の排除や組合への主要な財政援助を排除することを求めた結果、利益代表者の排除は厳格化され、組合への主要な財政援助は不当労働行為として整理されました。[*1]

実際は、GHQ勧告の目的は、当時、会社から賃金を得て活動する労働組合専従者に共産党員が多かったため、その活動を抑止することにあったといわれています。[*2]つまり、当時の賀来才二郎労政局長の回顧によれば「専従者の中に、全国的にみて約五千人ぐらいは共産党員がいたでしょう。この連中は、経営者から給料をもらいながら自分のところの組合運動をやるだけならまだいいんですが、日本タイプが争議をやれば、そこにワッと押しかける。そういう傾向があって、非常に暴力化して困っておったんですね。それを二十四年改正で、経営者は支払ってはいかんということになったわけですから、共産党にはこたえるはずですよ」とあり、労働組合活動を抑えることに目的があったと思われます。[*3]

このように24年労組法は当時の激しい労働組合活動に対するGHQの姿勢が反映され、実際、この組合への主要な財政援助の禁止により労働組合運動が衰退したといわれております。

（3）労働協約の自動更新

現在では考えられませんが、一方当事者が反対しても、他方当事者が更新を望む場合は、労働協約が自動更新されるとの規定が終戦後多用されていました。[*4] これは労働争議が戦後頻発し過激化するなかで、使用者がやむを得ず受け入れたものと思われます。GHQの後押しもあり、労働組合法第15条によりこれらの条項は無効となり、双方が合意をしなければ、労働協約は更新できなくなりました。当時は、労働協約には労働組合の同意がなければ人事権を行使できない、解雇ができない等の条項が入っており、これらの条項が次々と無効になっていきました。

＊1　富永晃一「労働組合法立法過程にみる労働組合の規制の変容」（日本労働法学会編『労働組合法立法史の意義と課題　日本労働法学会誌125号』、法律文化社発売、2015年）19～22頁
＊2　仁田道夫「労使関係論からみた昭和24年労組法改正過程」（日本労働法学会編『労働組合法立法史の意義と課題　日本労働法学会誌125号』、法律文化社発売、2015年）92～96頁
＊3　日本労働協会編『戦後の労働立法と労働運動　下』（日本労働協会、1960年）138頁
＊4　前掲注2・85頁

（4）労使双方の誠実団体交渉義務

ＧＨＱ勧告により労使双方の誠実団体交渉義務を規定することが求められました。当時、アメリカにおいて、１９４７年のタフト・ハートレー法により誠実交渉義務が労働者側の団体交渉義務と併せて明文化されたことが背景にあるのではないかといわれております。[*5]

使用者の誠実団体交渉義務は裁判例（カール・ツァイス事件、東京地裁平成元年9月22日判決）で認められるに至るのですが、**労働組合の誠実団体交渉義務は現在に至るまで制度化されておりません**。これは団体交渉を拒否しうる場合についての詳細な定めが、使用者による団体交渉拒否の口実となるとの批判があったことと、ドッジ・ラインの下における経済九原則の厳格な実施のため、労働組合をいたずらに刺激しないようにする必要があったためであるといわれています。[*6]

（5）交渉単位及び交渉組合制度

ＧＨＱ勧告では、交渉単位制度と排他的交渉代表制度が提案されました。具体的には、①適正交渉単位の労働者の多数（過半数）により選出された代表者は、団体交渉にあたり当該単位内の労働者すべてを排他的に代表し、②排他的交渉代表が選出されていない場合には、多数により選出された代表者でなくとも、自らが代表する労働者のために団体交渉を行う、③個々の被用者あるいはその団体は、いつでも使用者に苦情を申し立てる権利を有するというものでした。ＧＨＱ勧告は、20年労組法が複数の労働組合が交渉できることを前提にしていると考え、アメリカと同じような排他的交渉代表制度を設けることを求め、団体交渉を秩序正しく行わせ、成功させるためには多数支配の原則が重要であるとしていました。[*7]

しかし、その後の改正討議過程において、この排他的代表制度は削除されてしまい現在に至ります。戦後、社内に複数の労働組合が設立され、労働組合間の紛争が多数発生し、その解決に多大な労力と時間を費やすことになりましたが、この排他的代表制度が導入されていれば、戦後の労働法の歴史は大きく変わったと思われます。

⑹ 労働委員会の救済命令制度の導入

ＧＨＱ勧告は、労働委員会に救済命令の制度を設けるように求めました。救済命令とは、労働組合法に違反した不当労働行為を行った使用者に対し、命令を出すものです。確定した命令

＊5　竹内（奥野）寿「団体交渉過程の制度化、統一的労働条件決定システム構築の試みと挫折」（日本労働法学会編『労働組合法立法史の意義と課題　日本労働法学会誌１２５号』、法律文化社発売、２０１５年）28頁
＊6　遠藤公嗣『日本占領と労使関係政策の成立』（東京大学出版会、１９８９年）３２２～３３４頁
＊7　前掲注５・28～30頁

に従わない場合は刑事罰も予定されております。

20年労組法には、労働委員会にはこのような特定の事案について救済命令を出す権限はありませんでしたが、現在の労働組合法にも救済命令の制度は存続しており、その中核をなしています。

（7）中央労働委員会の強化

戦後の労働争議では、各地方の労働委員会も労働委員等が党派的色彩を帯び政治的に対立するようになったといわれています。[*8] そのため、ＧＨＱは、中央労働委員会が各地方労働委員会を拘束することができるように求め統制を図ろうとした結果、中央労働委員会が各地方労働委員会の救済命令を再審査することができるようになりました。ただし、不当労働行為事件の審査が地方労働委員会、中央労働委員会と事実上の二審制となり、行政訴訟がその後地方裁判所、高等裁判所、最高裁判所と続くことから紛争が長期化することになりました。

＊8　野田進「昭和20年・24年労組法における労働委員会制度の生成」（日本労働法学会編『労働組合法立法史の意義と課題　日本労働法学会誌１２５号』、法律文化社発売、２０１５年）68頁

LABOR LAW 5

労働契約法の歴史

■個別労働紛争の増加

バブル崩壊まではまだまだ労働問題といえば労働組合との紛争が主流でした。ところがバブル崩壊により、解雇や賃金カットといった会社と従業員との個別労使紛争が増加するようになりました。労働事件の民事訴訟の件数をみると、バブル末期の1991年（平成3年）時点では、全国の地方裁判所に提起された労働事件訴訟の件数は1054件（通常訴訟662件、仮処分392件）でしたが、2005年（平成17年）には3082件（通常訴訟2446件、仮処分636件）となり、十数年の間に3倍に増加しました。[*1]

＊1　最高裁判所事務総局「平成3年度労働関係民事・行政事件の概要」法曹時報44巻7号121頁（1992年）、同「平成17年度労働関係民事・行政事件の概要」法曹時報58巻8号103頁（2006年）参照。

■労働契約法の必要性

ところが、労働基準法には解雇・配置転換・出向の有効性の判断基準、就業規則の不利益変更に関する条文が存在しません。２００３年（平成15年）に労働基準法が改正されましたが、解雇の有効性の判断基準を判例法理に照らして示したもので、その他のルールを何ら示さないものに終わりました。

■労働契約法と労働基準法の違い

労働契約法と労働基準法の違いはわかりづらいと思います。本来、労働契約は会社と従業員の民間の契約なので、国がその内容に介入することはありません（私的自治）。しかし、従業員は知識もなく立場も弱い方が多く、完全な私的自治により自由な内容を許してしまうと働く方の健康を害したり金銭的に搾取されたりする等の事態が起こり得ます。そこで、国が取り締まりや罰則を通じて、一定の労働条件に関与することにしました。これが労働基準法となります。

一方、労働契約法には罰則はありません。労働基準監督署も関与をしません。あくまでも民間の会社と従業員の契約上のルールを決める役割のみを負うことにしています。

両者にはこのような違いがあります。

■労働契約法研究会報告

2003年（平成15年）の労基法改正の際に、衆参両院の付帯決議において「労働条件の変更、出向、転籍など、労働契約について包括的な法律を策定するため、専門的な調査研究を行う場を設けて積極的に検討を進め、その結果に基づき、法令上の措置を含め必要な措置を講ずること」との決議がなされ、2004年4月には厚生労働省に、「今後の労働契約法制の在り方に関する研究会」（座長：菅野和夫明治大学法科大学院教授）が発足しました。この研究会の同報告書は、就業規則の不利益変更について判例法理を明文化した上で合理性の判断を明確にすることや裁判所が解雇を無効と判断した場合に、契約関係の存在を確認する現行法の方法以外に契約終了を命じると共に金銭による補償を命じることができる方法や就業規則変更によらない新たな個別的労働条件の変更方法（雇用継続変更制度）等、これまでの労働法にはない新しい提案を盛り込んでいました。

■難航した労働政策審議会

厚生労働省は、研究会報告を受けて、同年10月より、労働政策審議会労働条件分科会での審議を開始しました。労働政策審議会は、厚生労働省設置法第9条に基づき、厚生労働大臣等の諮問に応じて、労働政策に関する重要事項の調査審議を行います。

労働政策審議会は、厚生労働大臣が任命する30名の委員（公益代表委員・労働者代表委員・使用者代表委員の各10名）で組織されています。

ところが、審議の冒頭で審議の進め方に関して問題となり、労働側委員、使用者側委員ともに、研究会報告を土台として審議することがないよう求めました。研究会報告をある程度前提にして審議を行うことが多いのですが、このように労使が一致して研究会報告を前提としない審議を求めることは異例なことです。

労働側は、労働契約に関するルールの策定を求めるものの、労働者保護につながらない解雇の金銭解決方式等新しい手法を警戒しており、一方、使用者側は包括的な労働契約法を制定することは規制強化につながり、労使自治への介入につながりかねないと難色を示しました。

審議は難航しましたが、２００６年（平成18年）12月にまとまった労働条件分科会の報告をもとに労働契約法が作成され、第１６８回臨時国会において、政府案について7点にわたる修正が施されたうえ、２００７年11月28日に可決成立しました。

■最大公約数的な内容に

前述のとおり、労働側は労働者保護につながらない内容には反対し、使用者側は労働契約法制定そのものに積極的ではなかったため、労働契約法の内容はこれまでの最高裁判例を中心とした判例法理を明文化するものに留まりました。「今後の労働契約法制の在り方に関する研究会」の座長を務めた菅野和夫明治大学教授（当時）は、労働契約法案について、「研究会報告の包括的立法の構想に較べると、就業規則の効力を中心とした『小ぶり』な法案となったとの印象をぬぐえません」と述べられています。[*2] 菅野教授も判例法理を成文化した内容に多少なりとも失望したのではないかと思われます。

（1）労働契約締結時の効力

労働契約法第7条本文は、「労働者及び使用者が労働契約を締結する場合において、使用者が合理的な労働条件が定められている就業規則を労働者に周知させていた場合には、労働契約の内容は、その就業規則で定める労働条件によるものとする。」と定めています。

労働契約を締結する際には、すべての労働条件を雇用契約書には記載することはしないので、就業規則に記載してある条項が合理的であれば、その内容を労働契約の内容にしてしまうという規定です。きわめて現実社会に沿った内容ですが、このような条項はこれまでにありませんでした。

＊2　菅野和夫「雇用システムの変化と労働法の課題」（『ジュリスト１３４７号』、有斐閣、2007.12.15）６頁

(2) 就業規則の不利益変更

就業規則による労働条件の不利益変更につき、労働契約法は、まず第9条において、使用者は労働者と合意することなく就業規則の変更により労働契約の内容である労働条件を不利益に変更することはできないという契約上の原則を明らかにしました。このような当たり前ともいえる原則論さえ条文には戦後半世紀以上、存在しなかったのです。

そのうえで、第10条本文において、使用者が変更後の就業規則を労働者に周知させ、かつ、就業規則の変更が、労働者の受ける不利益の程度、労働条件の変更の必要性、変更後の就業規則の内容の相当性、労働組合等との交渉の状況その他の就業規則の変更に係る事情に照らして合理的なものであるときは、労働契約の内容である労働条件は、当該変更後の就業規則に定めるところによるものとする旨定めました。

これは従来の最高裁判例（秋北バス事件最高裁判決）に基づく判例法理を明文化したものであり、目新しいものはありませんが、従来の百家争鳴ともいえる就業規則の変更に関する議論に一応の決着がつけられたことになりました。

(3) 出向、懲戒、解雇

出向、懲戒、解雇についてはさまざまな論点がありますが、第3章（労働契約の継続及び終了）は、第14条から第16条において、判例の権利濫用法理を明文化したものを定めたもので、特段新しいルールを設定したものではありません。

■期間の定めのある労働契約

第4章は期間の定めのある労働契約についてのものであり、労働契約法制定当初は第17条のみで構成されていました。同条1項は、期間途中の解雇はやむを得ない事由がある場合でなければ許されない旨を定めて雇用期間中の地位を保護し、同条2項は、使用者は、期間の定めのある労働契約について、その労働契約により労働者を使用する目的に照らして、必要以上に短い期間を定めることにより、その労働契約を反復して更新することのないよう配慮しなければならないと定めました。

その後、労働契約法の改正により、第18条（無期労働契約への転換）、第19条（雇い止め法理の法定化）、第20条（不合理な労働条件の禁止）が追加されました。特に第20条は期間雇用全般について均衡待遇を求めるもので、数々の訴訟が起きる条文となりましたが、２０１８年（平成30年）にパート・有期労働法に統合され、削除されました。

LABOR
LAW

第2章

解雇と裏表となる規制

第2章　サマリー

本章では、日本の「解雇」に関する規制を中心的なテーマとして取り扱います。

突然ですが、皆さんは、次のアメリカ人の質問に答えられるでしょうか。

「アメリカでは簡単に解雇されるけど、日本では解雇されないと聞く。それはなぜだい？」

グローバル化が進んだ現代社会では、他の国との違いを意識して、自国の文化・制度の理解を示せることが信頼につながります。

実は、日本の「解雇」規制について説明できれば、日本の文化・制度に対する理解をアピールできます。なぜなら、日本の「解雇」規制は、日本の伝統的な雇用制度を色濃く反映するものだからです。日本の伝統的な雇用制度は、他国に類をみないほど長期雇用を重視する点に特徴があります。

本章では、まず、他の国との違いを中心として、日本の「解雇」規制がどのようなものか、日本の伝統的な雇用制度とはどのようなものかをみていきます。

それから、「解雇」規制の延長で捉えると理解しやすい「採用・内定・試用期間」、「有期労働契約」のルール、最後に、日本の伝統的な雇用制度を前提としたルールのうち、「解雇」規制を表の規制とすると、裏の規制と捉えると理解がしやすい「配置転換」、「休職」についてみていきます。

●日本の解雇規制は厳しいのか
●諸外国との比較でみえてくる日本の解雇規制の特徴
●日本の解雇規制の歴史・最近の問題点
●採用・内定・試用期間の関係（総論）
●採用時の差別について
●内定について
●試用期間について
●有期労働契約について
●強大な配転命令権はなぜ生まれたのか
●休職

LABOR LAW 1

日本の解雇規制は厳しいのか

「日本では、解雇は難しい」というようなことをよく耳にします。

ここで触れる解雇とは、労働契約が終了する事由の1つのタイプであり、**使用者の一方的な意思表示による労働契約の解約**をいいます。使用者が辞めてもらいたい労働者に解雇通知書を渡すのがよくあるケースです。もっとも、「解雇」という言葉がなくても、「お前はもうクビだ。二度と会社に来なくていい。」など、労働者側の意思を問わず、使用者が一方的に労働契約を解約する言動があれば、使用者が労働者を解雇したものと考えられています。

日本には、どのような解雇規制があるのかここで事例を挙げます。

「A社は、その正社員であるBを勤務成績が著しく悪いことを理由として解雇しました。しかし、Bは、A社による解雇にまったく納得しておらず、A社による解雇は無効であるから、今でも自分はA社の社員としての地位があるんだと主張して裁判を起こしました。」

労働者の労働能力の欠如を理由に解雇した事例です。この事例において問題となる解雇規制の条文（法律）が労働契約法第16条です。労働契約法第16条の内容は次のとおりです。

（解雇）
第十六条　解雇は、客観的に合理的な理由を欠き、社会通念上相当であると認められない場合は、その権利を濫用したものとして、無効とする。

この規定は、法律の建前では、「解雇は自由」とされていた時代に、裁判所が長年かけて築き上げてきた「解雇権濫用法理」という理論を法律の規定として明文化したものです。長期雇用（1つの企業に新卒で入って定年まで働くかたちなど）を重視する日本的な雇用システムのなかでは、解雇は、労働者の生活に大きな打撃を与えることなどが多いため、労働者保護の観点から、解雇に対する法的規制が形成・展開されてきたのです。

解雇権濫用法理（労働契約法第16条）の下では、自由な解雇は認められず、①客観的に合理的な理由を欠き、②社会通念上相当であると認められない解雇は、その権利を濫用したものとして無効とされます。

したがって、前述した事例においても、A社は、その正社員であるBをまったく自由に解雇できるわけではありません。A社によるBの解雇が、①客観的に合理的な理由を欠き、②社会通念上相当であると認められない場合には、権利を濫用したものとして無効となります。A社によるBの解雇が権利を濫用したものとして無効であるかどうかの審査においては、①客観的合理性の審査として、Bに雇用関係を継続し難いほどの勤務態度不良があったのかどうか（勤務態度不良の有無・内容）、A社がBに対してしっかりとした注意・指導を行ったか（改善の機会の有無・内容）などが実質的にみられるとともに、②社会的相当性の審査として、A社は配置転換など解雇以外による対処ができたのではないか、Bに有利なあらゆる事情を考慮しても解雇がやむを得ないといえるかなども実質的にみられることになります。

■ヨーロッパ諸国との比較

では、日本の解雇規制は、他の国に比べて厳しいのでしょうか。「うちが外資系企業だったら、仕事のできないCはとっくに解雇されている」など、日本の解雇規制が諸外国より厳しい（労働者を手厚く保護している）というような発言を耳にすることがあります。

もっとも、たとえば、ヨーロッパ諸国の解雇に関する規定と比べてみた場合、日本の解雇規制は、殊更に厳しいわけではありません。

たとえば、ドイツでは、解雇には「正当な理由」が必要とされています。たとえば、勤務成績不良を理由とする解雇の場合、対象とされた労働者の勤務成績が本当に悪いのか、改善を指導したかなどが実質的に検討されます。日本の裁判所が、解雇が無効かどうか争いとなった裁判において述べている「客観的合理性」（前述）とほとんど変わりません。フランスでも、解雇には「真実かつ重大な事由」が必要とされています。たとえば、営業の従業員の場合、平均的な数字より低い実績しかないことを面談で示し、それでも改善しないことを数字で示す必要があります。

では、日本の解雇規制は、ドイツなどヨーロッパ諸国とほとんど同じなのでしょうか。この問いに対する答えは簡単ではありません。

まず、解雇規制それ自体は、解雇に合理的理由（客観的合理性）を求める点でほとんど同じです。[*1]

しかし、解雇規制が適用される「**雇用契約の内容**」が、ヨーロッパ諸国と日本ではまったく異なります。そのため、ある特定の状況における解雇が日本ではより困難になるという事態を生じさせるという特徴があります。

これでは話が抽象的でよくわからないと思います。「雇用契約の内容」の違いとはどういう

＊1　日本の裁判所では社会的相当性の判断を厳格に行う（簡単には社会的相当性を認めず、解雇以外の手段による対処を求めたり、労働者側に有利なあらゆる事情を考慮したりする）点を捉え、「日本の裁判所は、労働者の解雇の場面で『解雇の濫用』の法理を生み出し、世界に例を見ないほど手厚い保護を与えてきた」と評する法社会学者の文献（ダニエル・H・フット著、溜箭将之訳『裁判と社会―司法の「常識」再考』（NTT出版、２００６年）97頁）もありますが、解雇に類型的な合理的理由を求める点は、ヨーロッパ諸国の解雇規制（法制）においてある程度共通してみられます。

ことかについて説明します。

日本で「正社員」と呼ばれる労働者の雇用契約は、欧米諸国のそれと比べて、とても大きな特徴があります。それは、雇用契約に**職務（ジョブ）の限定**がないという点です。

日本以外の社会では企業のなかの労働をその種類ごとにジョブとして切り出し、その各ジョブに対応する形で労働者を採用し、その定められた労働に従事させます。これに対し、日本では、企業のなかの労働をジョブごとに切り出さずに一括して雇用契約の目的とすることが多いです。

つまり、日本以外の社会では、たとえば、「営業」、「製造」というかたちで種類ごとにジョブを特定して労働者を採用し、営業で採用した者は営業業務にのみ従事させ、製造で採用した者は製造業務にのみ従事させます。これに対し、日本では、およそ会社の業務全般へ従事させることを目的として、「正社員」を採用します。日本においては、「正社員」としての労働契約を締結することにより、原則として、労働者は企業のなかのすべての労働に従事する義務がありますし、使用者はそれを要求する権利を持ちます。

もちろん、実際に労働者が従事するのは個別のジョブです。しかし、それは雇用契約において特定されているわけではありません。どのジョブに従事するかは、使用者の命令によって決まります。**雇用契約それ自体には具体的なジョブは定められておらず、その都度、使用者の命令によって従事すべきジョブの具体的な内容が決まっていくという点が、日本型雇用システム**

の重要な本質です。大企業の正社員をイメージしていただくとわかりやすいです。新卒で正社員として採用された従業員は、異動しながら、会社のなかのさまざまな仕事に従事します。

つまり、ヨーロッパ諸国と比べた場合、**日本の「正社員」と呼ばれる労働者の雇用契約は、日本の企業という組織の一員（メンバー）としての地位を与える契約**と考えることができます。

日本以外の社会のように具体的なジョブを特定して雇用契約を締結するのであれば、企業のなかでそのジョブに必要な人員のみを採用することになりますし、そのジョブに必要な人員が減少すればその契約を解除する必要が出てきます。なぜなら、契約でジョブが特定されている以上、そのジョブ以外の労働をさせることはできないからです。

ところが、日本では、契約でジョブが決まっていませんから、あるジョブに必要な人員が減少しても、人員に余裕がある別のジョブから異動させることで、メンバーとしての地位を維持することができます。

事例で説明します。たとえば、A社において、不採算を理由としてB部門を閉鎖することになったとします。他方で、A社においては、別のC部門で人員が足りていません。この場合、閉鎖することになったB部門に所属していた「正社員」のXらをC部門に異動させることで、「正社員」XらのA社のメンバーとしての地位を維持することができます。つまり、**日本においては、ジョブがなくなったからという理由による整理解雇は、他に回す余地のあるジョブが**

あれば認められにくいのです。

ここでドイツの解雇規制をみてみたいと思います。解雇が有効となる「正当な理由」のうち、個人的事情（長期の病気など）や行動（勤務成績不良など）については、企業側がきちんと立証しなければなりませんが、経営上の理由によるものについては、人選基準などさまざまな要件が課せられているとはいえ、基本的には「正当な理由」があると認められやすいです。たとえば、経営上の必要性については、赤字が続いていて倒産の危機にあるということまで必要なく、企業戦略の変更により部署・仕事がなくなるということで足ります。フランスも基本的に同様です。また、イギリスでは、整理解雇は業務遂行不良や非違行為を理由とする解雇とは別立てになっています。整理解雇の有効性は、日本ほど厳しい基準では判断されません。つまり、**ヨーロッパ諸国では、個別解雇については日本と比較して殊更に容易というわけではないけれども、経営上の理由による整理解雇は実施しやすいといえます。**

これは、企業側の一方的な経営上の理由による解雇（整理解雇）は、労働者側に非があるわけではないにもかかわらず、労働者（特に長期雇用を前提とする「正社員」）は大きな経済的打撃を被るのだから、本当にやむを得ない場合に限って認められるべきだと考える日本人の感覚からはとても意外に感じられるところと思います。

しかし、前述したとおり、雇用契約がジョブに基づいていること（したがって、雇用契約締結時のジョブがなくなったのであれば、契約を終わらせるしかないと考えられること）からすれば、理解しやすいと思います。

LABOR LAW 2

諸外国との比較でみえてくる日本の解雇規制の特徴

前項で説明したように、諸外国の解雇規制とその背景にある考え方を知ることで、日本の解雇規制をより良く理解できるところがあります。グローバル化が進み、人手不足から外国人雇用も進んでいる現代において、我が国の解雇規制とともに、諸外国の解雇規制を理解することもますます重要になっていると思われます。

そこで、以下では、日本の解雇規制の違いという観点を中心として、諸外国の解雇規制とその背景にある考え方を概観します。

■アメリカ

まずはアメリカについてみていきます。アメリカは、これまでの日本社会とはまったく異なります。

第1に、アメリカは、「高い雇用流動性」にその社会的特徴があります。労働者としても、転職するのが当たり前の社会です。日本のように新卒採用で入社した会社で定年まで働こうという発想はありません。使用者も、市場で人材を探してくることを前提として人員計画を立てています。一般的な傾向として、日本に比べて半年間など長期にわたって失業している者の割合は低いです。

この背景にあるのが、「個人の自由と市場原理」（自由に競争させればよい）の考えです。アメリカは、イギリスの圧政からの解放を求めて新大陸に来た人々により発展してきた国です。

その歴史から、個人の自由と市場原理が国民に根付いています。

日本人の感覚からすると、驚くべきことですが、アメリカでは、歴史的に（特に19世紀の後半～1920年代）、労働時間を制限する法律や最低賃金を定める法律は、個人の自由を侵害するとして、「違憲」とする判決がよくでていました。つまり、アメリカ人は、労働者を保護するための法律も、個人の自由を侵害するから、国の基本的な原理原則を定めた憲法に反し認められないとしていたのです。

今でも、アメリカ人は、基本的には、「自由に競争させればよい」という発想です。雇用の場面で言えば、企業内での個人の競争の結果、結果を出さない、能力のない人は辞めてもらっていいという考えです。

解雇の場面においても、「個人の自由と市場原理」の考えを前提として、「Employment at will」（エンプロイメント・アットウィル）が採用されています。「Employment at will」とは、

「使用者も労働者もいつでも自由に雇用関係を解消できる」という原則のことです。

つまり、アメリカでは、使用者は、理由を問わず、いつでも解雇できます。また、解雇に際して、解雇前の予告の通知や予告手当の支払も不要です（日本では、労働基準法第20条により、使用者は、労働者を解雇しようとする場合においては、少なくとも30日前に予告をしなければならず、30日前に予告をしない使用者は、30日分以上の平均賃金を支払わなければならないとされています）。

ただし、アメリカでも、何でも自由というわけではありません。解雇が認められない場合もあります。

キーワードは、「差別」と「報復」です。

まず、アメリカは、その歴史的背景から、「差別」にとても厳しい国です。差別を厳しく禁止する法律が多数あります。解雇の場面では、能力不足を理由として使用者が解雇しても、本当の解雇理由が○○人であるから（人種）、女性であるから（性別）というように、差別に基づくものと考えられる場合には、解雇は無効とされます。

また、「報復」としての解雇も認められません。たとえば、経営者のセクハラ被害を訴えたことが解雇の理由と考えられるケースでは、権利主張に対する「報復」による解雇として認められません。

最後に、解雇規制の話しからは逸れますが、アメリカは訴訟大国であり、訴訟にはお金がかかるという特徴があります。

アメリカでは、企業が労働者から差別やハラスメントで訴えられて負けた場合、賠償額が莫大となる可能性があります。アメリカでは、日本と異なり、生じた損害を回復させる賠償だけでなく、ペナルティとしての懲罰賠償があるとともに、クラスアクション（同じような立場にある人を「クラス」として捉え、そのクラスを代表して訴えるもの）の制度があるためです。女性の労働者をクラスとして訴えた場合、原告になっていない人にも判決が適用されるため、賠償額は非常に大きくなります。たとえば、ボーイング社が女性差別に関するクラスアクションで7250万ドル（約80億円）を支払って和解したケースは有名です。

■シンガポール

アメリカと同じく解雇規制が緩い国としてシンガポールがあります。「クビにしたい人がいたら、シンガポールに転籍させればいい?!」という言葉を耳にすることがあるぐらいです。

シンガポールは、国として外資系企業を誘致する政策を採用しています。外資系企業は、税制面だけでなく、労務の面でも優遇されています。シンガポールの労働法は、使用者に有利な内容（労働者に不利な内容）です。

シンガポールでは、もともと、月額基本給の上限が設定されていたことにより、労働者を保護する労働法の適用範囲が一部の労働者に限定されていました。すなわち、一定額以上の収入を得ている労働者には、労働法の保護を及ぼさなくてよいという考えがとられていました。全労働者が労働法の適用対象者となったのは2019年4月に法改正がなされた時で最近です。また、シンガポールの労働法には最低賃金の定めもありません。

解雇規制も緩やかです。年齢のみを理由とする解雇など一定の例外を除き、解雇する場合に正当事由は不要です。ただし、アメリカと異なる点としては、懲戒解雇の場合を除き、解雇予告または解雇予告手当の支払は必要とされています。

■オーストラリア

オーストラリアの労働法は、政権交替によりその内容が大きく変わるという特徴があります。オーストラリアでは、伝統的に、経済団体が支持する保守党と労働組合が支持する労働党の二大政党の間で政権交替が行われてきています。

たとえば、労働党に代わって保守党が政権をとった場合、事業主有利の労働法の改正作業を実施しています。

もっとも、オーストラリアの労働法は、基本的には、解雇が非常に難しく労働者を手厚く保護するものです。アジア太平洋地域では、解雇規制に関し、シンガポールの正反対に位置づけられる国といえます。

オーストラリアで労働者を解雇するにあたっては、解雇に正当事由が必要であり、正当事由の認定は厳格です。

また、整理解雇の場合は、特定の業界や職種ごとに定められている連邦のルール（Modern Awards）に従って手続を踏み、整理解雇手当の額を計算して整理解雇手当を支払う必要があります。

オーストラリアの解雇規制において特徴的であるのが、解雇に正当事由が認められない場合には、不当解雇となりますが、不当解雇とは別に「違法解雇」という概念がある点です。

たとえば、傷病のために一時的に欠勤したこと、労働組合の構成員であること、労働組合の構成員でないこと、雇用者の法令違反に対して訴えを提起すること、従業員の代表として活動すること、人種・性別・国籍等を理由とした解雇は「違法解雇」となります。

「違法解雇」の場合には、労働者に復職、再雇用、補償金の支払のいずれかの救済が与えられる点は不当解雇と同様ですが、それに加えて、最大約４８５万円の罰金があり、さらに、懲罰的賠償が命じられる可能性があります。オーストラリアでは、労働者が手厚く保護されているといえます。

■イギリス

イギリスは、労働組合発祥の地であり、その伝統は「労使自治」です。すなわち、イギリスには、労働条件の規制は、労働組合と使用者との団体交渉に任せ、国は最小限の関与しか行わないという伝統があります。

現代でも大規模な地下鉄のストライキが行われることがあり、このことからも、イギリスでは一般の人々の間に、労働者階級的意識が残っていて、労働者の権利を守るために集団で対抗するという特徴があります。

解雇規制については、解雇理由という点では日本より緩やかですが、手続は日本より厳しいです。つまり、解雇はある程度自由にできます（勤務成績不良ということを合理的に判断したことを示せば足ります）が、本人に解雇理由に反論する機会を与えたり、合意退職を求めるのであれば、労働者に弁護士等を付けさせたりする（厳格な手続を踏む）必要があります。

■大陸ヨーロッパ（EU、ドイツ、フランス等）

まず、EU（欧州連合）レベルにおける一般的な解雇規制というものは存在しません。もちろん各国レベルではさまざまな解雇規制がありますが、EUレベルで最低基準として制定されているのは、集団整理解雇の手続を定めた指令のほかは、個別的な解雇事由について定めたものにとどまります。

そして、EUでの解雇については、98頁で述べたドイツの解雇規制からもわかるように、日本の規制と近く、驚くような話はありません。基本的には、労働者を解雇するには正当事由が必要であり、取らなければならない手続もいろいろと決まっています。

■まとめ

以上のように、他国の制度と比較することで、日本の解雇規制の理解が進むと思います。また、国の歴史や文化、国の政策が解雇規制の在り方にも強い影響を与えているということがよくおわかりいただけると思います。自由の国アメリカでは、自由に競争させればいいのだから解雇は自由。外資系企業に来てもらいたいシンガポールも、企業（使用者）が来やすいように解雇の規制は緩やか。他方、オーストラリアでは、労働者の権利意識が強い性質があり労働者の保護にかなり手厚い。労働組合が支持する労働党が政権をとったときは労働者に有利な法改正が進む、というように。

解雇規制が強いことは労働者保護に手厚いという点でよい面がありますが、雇用の流動性を阻害しやすいという面もあります。

シンガポールをみますと、今後、日本において、仮に雇用の流動性が確保されたほうがより社会や経済の発展にとってよいという考えが浸透すると、解雇規制の緩和がなされるかもしれません。他方で、オーストラリアをみますと、労働者保護が重要という考えがますます強まるのであれば、解雇規制の運用（解雇の有効性判断）はより厳しくなるかもしれません。

我々としては、他国の例や歴史も踏まえ、どういった解雇規制の在り方が望ましいのか考えていくことが重要であると思います。

LABOR LAW 3

日本の解雇規制の歴史・最近の問題点

■日本の解雇法制

ここでは、日本の解雇規制の歴史についてみていきます。

まず日本の民法の規定においては、雇用契約に期間の定めがない場合、契約の当事者双方は「何時にても解約の申し入れをなすこと」ができ、原則として二週間前に予告することにより何時でも、労働者を解雇できることになっています（民法第627条1項。労働基準法〈1947年制定〉によりこの予告期間は30日に延長されています）。このように、意外に思うかもしれませんが、日本では、法律上は長期にわたって「解雇自由」の原則が維持されてきました。

・解雇の行使を制限する判決の出現

しかしながら、1950年前後から、下級裁判所が使用者の解雇権の行使を制限する判決が続々と出始めます。

そして、合理的な理由のない解雇は権利の濫用であり、無効になるという考え方が、1950～1960年代を通じて定着していきます。この考え方は、1975年の最高裁判決で最終的に確認されることになります（日本食塩製造事件、最二小昭和50年4月25日・民集29巻4号456頁）。

現在は、2008年（平成20年）施行の労働契約法のなかで明文化されています。

・解雇規制を正当化する判決の出現背景

裁判所が相次いで、解雇を制限する判断を出した時期は高度成長期と重なります（1956年に『経済白書』は「もはや戦後ではない」と宣言。1960年に池田勇人首相は国民所得倍増計画を打ちだし、1968年、日本は国民総生産（GNP）で当時の西ドイツを抜き、世界2位の経済大国になる）。

製造業の飛躍や経済成長を支えたのが、この時期にかたちづくられた日本型の雇用システムです。

熟練労働者を育てて企業内に抱え込めるよう、勤続年数に応じて賃金が上がる年功制を敷き、長期にわたって社員を雇用するシステムが確立されていきました。雇用保障と引き換えに、社員は会社への忠誠心や配置転換などの命令に従うことを求められました。使用者は、一人ひとりの社員をどの地域で、どんな仕事に就かせるかは会社が原則として自由に決められました。このような日本型のシステムの確立が日本の生産性向上を後押ししました。日本の解雇規制は、このような歴史的背景の下で確立されていったものです。

■日本の解雇法制の特色である整理解雇法理

まずここで取り上げる整理解雇とは、使用者が経営上の必要性から人員削減のために行う解雇をいいます。

日本では、1970年代にドルショック及び第1次オイルショックに起因する構造的不況により雇用調整の必要が広範に発生していました。この時点では、既に前述した解雇権濫用法理が確立し、長期雇用慣行が定着していました。そのため、大企業を中心に雇用を極力維持するためにさまざまな雇用調整の施策が工夫されました。このような大企業の雇用慣行を当時の裁判所が整理解雇の一般的基準として採用したのが、「整理解雇の4要件（要素）」とよばれる判例法理（整理解雇法理）です。整理解雇法理の枠組みは、今日においても基本的には維持されています。

ここでの4要件とは、（1）人員削減の必要性、（2）解雇回避努力義務、（3）被解雇者選定の妥当性・基準の公平性、（4）労働者への説明義務、労働組合との協義です。これらが満たされていない限り、原則として、整理解雇は、解雇権の濫用として無効となるとの考え方が確立しています。以下ではそれぞれの要件についてみていきます。

（1）人員削減の必要性

裁判では、その企業が経営上、実際にどの程度整理解雇による人員削減の必要性に迫られているかについて、詳細な認定を行います。

しかし、最近の事例では、「人員整理する傍ら、他方で大量の新規採用をするなどの矛盾した行動をとっていない限り、『企業の合理的運営上やむを得ない必要に基づく』（東洋酸素事件、最判昭和54年10月29日・労民集30巻5号1002頁）かどうかとの観点から、人員削減を必要とした経営判断を尊重する傾向にある」一方、「この（1）人員削減の要件については緩やかに認める代わりに、（2）～（4）の要件は厳格に判断するとの相関的判断を行っている」傾向にあります（たとえば、ゾンネボード製薬事件、東京地八王子支決平成5年2月18日・労働判例627号10頁）。

（2）解雇回避努力義務

日本では、解雇の代替手段となりうる数々の雇用調整方法（残業規制、退職者の不補充、有期契約の更新拒否（いわゆる「雇止め」）、新規採用の停止、配転・出向、一時帰休、希望退職者の募集等）がとられてきました。整理解雇を行う前に、企業はこうした解雇に代替的な手段をとることが要求されます。

(3) 被解雇者選定の妥当性・基準の公平性

被解雇者選定の妥当性・基準の公平性については、選定基準の合理性について客観的画一的ルールは存在しませんが、基準を設けない恣意的な選別や、組合活動に熱心なものを解雇対象とする等の不当労働行為的な選定は認められません。

(4) 労働者への説明義務、労働組合との協議

労働者への説明義務、労働組合との協議については、現在では、一般に、整理解雇の必要性や具体的な実施方法等について真摯に説明協議することが要求され、組合あるいは従業員集団の納得を得るような努力を試みたうえで初めて整理解雇という手段に訴えることが許されると解されています。

■日本の解雇法制の最近の問題点――裁判にはお金も時間もかかる――

ここでは日本の解雇法制の最近の問題点についてみていきます。日本では、解雇をめぐる訴訟は、「地位確認請求」が主流です。つまり、企業に解雇されたが、解雇に納得できない者が解雇は無効であるから、現在も当該企業の従業員としての地位があるから当該企業に復職させ

るよう求めて訴えるかたちが多いです。

企業側が敗訴した場合、解雇がなかったものとして被解雇者との雇用関係が継続となるのが一般的であり、使用者は解雇時から判決時点までの全期間について未払賃金を支払わなくてはなりません。

日本の解雇訴訟は、①他の先進諸国が金銭賠償により柔軟な解雇救済を図っているのと比べ、解雇が有効か無効かを問うオール・オア・ナッシングの救済方法であり、利益調整に適していない、そして、こうした解決法は、②使用者に厳しい処理であるばかりか、解雇された企業に復職を希望しない労働者が多いことも考慮されていない、との指摘がなされています。

また、日本では、労働民事事件の処理に要した平均期間は15か月で、控訴や上告がなされた場合は、10年もの長期に及ぶ場合もあります。これは、アメリカ、イギリス、フランスのなかでもっとも訴訟時間が長いとされているフランスの労働審判所の処理日数9・5か月と比べても圧倒的に長い時間です。

こうしたなか、これまでの日本では、整理解雇が法廷で争われた場合、企業側の勝訴確率は低いものでした。

裁判で整理解雇が有効とされるケースはかなり少ないです。

こうした企業側の勝訴確率の低さや、訴訟に伴う金銭的・時間的コストの存在は、日本の企業にとって解雇を抑制する効果をもたらしてきたともいえます。ただし、訴訟期間が長いことは一方で、資力のない労働者に、裁判による救済を断念させることにもなり、労働組合等の人的・金銭的援助なくしては継続しがたい状態になっています。訴訟の長期化は労使双方にとって望ましくありません。

前述したように、ヨーロッパでは解雇紛争につき金銭解決を制度化している国もあり、日本の解雇法制の問題点を検討するにあたっても参考になります。グローバル化、日本における外国人雇用が進むなか、日本の解雇規制の在り方がどのようなものであるかを理解し、諸外国の在り方や考え方を参考にしつつ、今後どのような制度にしていくべきかを考えていくことが重要になってきます。

LABOR LAW 4

採用・内定・試用期間の関係（総論）

■採用は差別、解雇制度と密接に結びつく

海外の制度と比較すると、日本の採用・内定・試用期間についての法制度並びに日本社会の特徴が浮かび上がってきます。

採用については、日本は諸外国に比べて規制が厳しいとはいえません。特にアメリカとの差は歴然です。

アメリカの場合は、能力不足による解雇については規制を緩やかにする代わりに、個人の努力では如何ともし難い事由についての差別を厳しく禁止しています。これはアメリカが多民族国家であることとも密接に関係しています。対して、日本は多民族国家とまではいえず、差別問題が社会問題化するまでには至っておりません。むしろ、解雇規制を厳しく制限する代わりに、採用面では規制を緩やかにしているのではないかと考えます。

■内定も終身雇用文化の影響を受けている

内定制度については終身雇用文化の影響を受けていると思われます。アメリカはもちろんのこと、内定を法的に保護しようとする国はほとんどありません。日本は内定を雇用契約の一種であると法的に構成し保護しています。諸外国では、日本よりも人材の流動性が高く、一人の人間が同じ会社で長期間勤務することを前提としておらず、まして大学を卒業してから就職した会社に何十年も在籍することは想定しておりません。そのため、内定といってもいずれ新卒の学生は転職をするものという意識があり、日本のように「青田買い」等の早期の拘束もなければ、法的規制もほとんどありません。この点より、内定は日本の終身雇用文化の影響を受けていると感じます。

■試用期間は解雇規制と密接に結びついている

日本の試用期間は、過去の裁判例の集積から実は解雇規制が厳しく適用されています。一方、アメリカはそもそも解雇規制が緩やかで、試用期間だから解雇規制が緩やかになるわけではありません。解雇規制が比較的厳しいフランスでさえも試用期間は解雇規制が緩やかになります。やはり日本の解雇規制の厳しさが試用期間中の解雇規制までに及んでいるものと思われます。

LABOR LAW 5

採用時の差別について

■採用についての差別規制を撤廃していない日本社会

・年齢差別

日本では、高年齢者雇用安定法により、求人募集の段階で年齢制限を設けることを厳しく制限しています。たとえば、労働者の募集及び採用の際には、原則として年齢を不問としなければなりません。

もっとも、求人では年齢制限をしていなくとも、実際は能力・経験の他に年齢を加味して採用を決めている事例は世の中にたくさんあり、年齢のみで採用を決めている証拠がない限り、違法となりません。

後述するアメリカでは、募集はもちろんのこと採用においても年齢に関する質問を禁止しています。日本はあえてここまで厳しい制度を採用していません。多人種国家のアメリカと異なり、年齢差別がそれほど深刻な社会問題になっていないこと、定年制という年齢差別制度を採用していることからも年齢差別規制に寛容な背景があります。

・性別差別

男女雇用機会均等法第5条は、求人広告等で特定の性別のみを採用すると表示することについては厳しく制限しています。たとえば、募集・採用の対象から男女のいずれかを排除すること、募集・採用の条件を男女で異なるものとすること、採用選考において、能力・資質の有無等を判断する方法や基準について男女で異なる取扱いをすることを禁止しています。

もっとも、実際には、特定の職種は男性のみ、女性のみを選抜しているのではないかと疑われる事例は世の中に存在していますが、男女の採用について結果の平等までは求められておりません。

一方、アメリカでは履歴書に性別を記載せず、写真すら貼らず、採用面接で性別を質問することを禁止しているため、より採用時の差別を防ぐ仕組みが整っています。

・調査事項・採用面接

職業安定法第5条の4第1項は、「業務の目的の達成に必要な範囲内でのみ求職者等の個人情報を収集しなければならない。その範囲を超える場合には、本人の同意が必要である」旨を定め、使用者が、求職者の個人情報を収集することを一定の範囲で認めていますが、どこまでの個人情報を収集してよいのかについては明確な法律はありません。職業安定法第5条の4において、求人者等は、本人の同意がある場合その他正当な理由がある場合以外については、業務の目的の達成に必要な範囲で求職者の個人情報を収集しなければならず、その情報は、収集の目的の範囲内で保管・使用しなければならないと定められ、同法に基づき策定された行政指針では、「人種、民族、社会的身分、門地、本籍、出生地その他社会的差別の原因となるおそれのある事項」、「思想及び信条」、「労働組合への加入状況」については、原則として収集してはならないとされているのみです（平成11年11月7日労働省告示第１４１号）。

求職者の個人情報を調査するにあたってさまざまなプライバシーや差別の問題に直面する可能性があるのですが、法律はもちろん明確なガイドラインもわずかにあるだけであり、差別問題には踏み込んだ規制を行っておりません。

■徹底して差別を禁止するアメリカ社会

・自由な反面、規制もある

アメリカでは、雇用契約において解雇を原則として自由にしたり、雇用契約内容を労使で多くの分野を自由に定めることができます。

一方、募集採用から雇用契約の終了まで差別を徹底して禁止しております。

これは解雇を自由に行うことができる一方、自身の能力や努力では如何ともし難い事由について厳しく制限することで公平な雇用社会を実現しようとしているためです。日本では労働者は弱い立場にあるとして保護します。

代表的な差別禁止法は１９６４年、公民権法第七編（Title Ⅶ of the Civil Rights Act of 1964. 以下、「タイトル・セブン」といいます）であり、タイトル・セブンは、人種（race）、皮膚の色（color）、宗教（religion）、性（sex）、出身国（national origin）を理由とする5つの差別禁止事由を定めており、しかも、使用者は、募集・採用から雇用関係の展開を経て退職・解雇に至るまでの雇用のあらゆる段階において、労働条件に関して被用者に対して差別を行うことを禁止しています。

・アメリカの履歴書には写真を貼らない

特にアメリカでは雇用機会均等委員会（ＥＥＯＣ）が提唱するルールに基づき、次のリストを含んだ質問は違法とみなされることがあります。

- 年齢
- 人種、民族性、肌男色
- 性別
- 生まれた国
- 宗教

- 障害
- 結婚
- 家族
- 妊娠

そのため、日本の履歴書には必ず生年月日と性別を記入する欄が設けられていますが、アメリカでは差別禁止法に基づき、年齢も性別も記載しませんし、写真も履歴書に貼りませんし、婚姻しているか否か扶養家族がいるかいないかを記載する欄がありません。採用の入り口段階で差別が行われないように徹底して能力や職歴で判断するような仕組みを採用しています。日本と異なり差別解消のための仕組みづくりが徹底されています。

差別には刑罰も予定しているフランス

労働法典L．122－45条は、出自・性別・習俗・性的指向・年齢・家族状況・遺伝的特徴・民族、国籍又は人種への帰属、政治的意見・組合活動又は共済活動・宗教的信条・身体的外見・姓・健康状態・障害を理由として、採用から排除することを禁じています。同条に反して差別的理由で採用を拒否された者は損害賠償を請求することができます。また、同条違反を直接対象とした刑事制裁規定はありませんが、列挙された差別事由のほとんどを対象とした刑法典の規定により、拘禁刑及び罰金刑が予定されています（刑法典225－1条）。

日本では、侮辱罪や名誉毀損罪にあたらない限り、採用差別により刑罰が科される可能性はほぼなく、差別に対する対応が日本と異なることがわかります。

LABOR LAW 6

内定について

■日本の内定は雇用契約である

内定と言うと内定式で内定通知書を受け取ったり、面接で内定を告げられるイメージをお持ちかと思います。

日本の労働法は、内定を始期付解約留保権付労働契約という難しい言葉で定義づけています（大日本印刷事件、最高裁昭和54年7月20日判決）。要するに、内定は、始まりの時期が決まっており、一定の場合に解約できる労働契約という意味です。契約が成立するためには契約当事者の合意が必要ですから、内定も契約になります。内定通知書に対して内定請書や内定承諾書を提出しているのは内定が契約であることを示しています。

■企業の内定取消しにも厳しい規制

日本の内定は雇用契約であるため、使用者による内定取消しには厳しい規制がかかります。

特に問題になるのが景気低迷や業績不振による内定取消しですが、裁判例（インフォミックス事件、東京地裁平成9年10月31日決定等）では正社員の整理解雇と同様の仕組みで内定取消しが判断されるとする仕組みを採用しており、話し合いや場合によっては金銭による合意解約が必要になります。

一方、学生や採用予定者の内定取消しについて規制はなく、自由に解約できます。内定も雇用契約であるため、雇用契約の解約を定めた民法第６２７条１項が適用され、解約を通知すれば内定契約を解約することができます。

■日本独特の内定制度

日本のような内定の仕組みは珍しいもので、他の国には内定という仕組みがそもそもありません。

日本の大企業は、新卒一括採用・終身雇用・年功序列の仕組みを程度の差こそあれ採用していますが、この種の仕組みは諸外国にないため、内定をそれほど保護する必要性がありません。果たして、このような日本独自の仕組みがどこまで続くのかは不明で、今後、新卒一括採用は緩やかに変化していくと同時に内定の在り方も変化する可能性があります。

■内定の仕組みがほとんど存在しないアメリカ

アメリカには、日本におけるような採用内定は一般には存在しません。なぜならば、原則としていつでも解雇ができるため、雇用が流動化しており、かつ職務経験や専門性を日本より重視するため、いわゆる新卒予定の大学生に対し、長きにわたって内定を出して拘束することはしません。

もっとも、広く一般に、大学卒業前の秋学期中から、サマー・インターン・プログラムを通じて将来の被用者候補を雇い始めることは行われているとのことであり、その場合、優秀な人材には、special offerないしformal offer letter（雇入れの日、給与額は記載されていますが、契約期間は書かれていません）を送付し、雇入れの申込みを行っており、このような正式の雇用に先んじた就労に関連して、大企業では、将来の被用者を2、3か月前に雇い入れることはあるようですが、中規模以下の企業ではこのようなことは行われていません。

■ドイツ、フランスも内定制度がない

ドイツでは、日本での採用内定に相当する採用慣行は行われていないものとみられ、特別の法規制は存在しません。

フランスにも採用内定に関する制度や慣行は存在しません、使用者が後にこれを撤回したり

契約締結を拒否したりした場合には、損害賠償を請求されることがあります。その場合、雇用契約が締結される可能性が高ければ、損害賠償請求が認められているようです。

いずれも、経歴や職務を重視しているため、日本のような新卒一括採用の仕組みが存在しないためであると思われます。

LABOR LAW 7

試用期間について

■法律に定めがない試用期間制度

試用期間とは、使用者が労働者を本採用する前に試験的に雇用する期間であると一般的にいわれています。

実は日本には試用期間について定めた法律はありません。諸外国では試用期間について制限する法制度を設けていることもあります（中華人民共和国労働契約法第19条では試用期間を制限しています）。

■試用期間中の解雇も厳しく制限される

また、試用期間の定義もはっきりせず、試用期間中の解雇がどの程度容易なのかは未だにはっきりしません。

数多くの裁判例からするに、試用期間後の解雇よりも若干解雇事由が緩やかである程度に過ぎず、使用者の敗訴事例が多数存在しています。

また、特に問題が多発しているのが、労働基準法第21条の「14日以内の解雇には予告手当は不要である」旨の規定との関係です。この労働基準法第21条を「雇用開始後14日以内の解雇は自由にできる」と誤って解釈して解雇をしてしまう事例が跡を絶ちません。この条文はあくまでも、予告手当についての定めであり、雇用開始後14日以内の解雇が容易であるわけではありません。

■アメリカでは試用期間の意義が異なる

アメリカにおいては、試用期間の意義が日本と異なります。アメリカでは試用期間中もいつでも解雇ができるため、従業員としての地位は試用期間後と変わらず、試用期間中は福利厚生が制限され、試用期間後は福利厚生の制限が解除されることが多いようです。

■フランスでは試用期間中は解雇自由

フランスでは、解雇規制は従来は厳しかったのですが（もっとも2018年の改正により解雇規制を緩和）、試用期間中は、明示の制限規定がある場合を除き、労使双方とも何時でも契約を解消することができます。この点は試用期間中も解雇が制限されている日本と大きな違いがあります。

ただし、使用者が契約を解消する場合、その決定は期間満了前に労働者に通知されなければならず、解雇規制を潜脱する目的で試用期間を利用するなど使用者にその濫用がある場合には、試用期間中の解消であっても解雇規制が適用されることがあります。

LABOR LAW 8

有期労働契約について

■契約期間の上限規制

・有期労働契約とは

有期労働契約とは、期間の定めのある労働契約をいいます。

有期労働契約の意義は、契約期間が満了すれば契約が終了する点、すなわち、契約期間を制限することにあります。また、日本においては、有期労働契約に対しては期間の長さに対する制限が主に行われてきました。

戦前の日本では、有期労働契約については、徒弟、商家の見習、家事奉公人等を想定し、期間の上限を5年（商工業の見習は10年）とされていました。また、労使双方が期間に拘束され期間途中の解約は原則できないものとされていました。そして、契約期間が満了した際には、契約は当然に終了し、黙示の更新が生じても更新後は解約自由と規定されていました（民法第626条、628条）。かかる民法のもとで、紡績・製糸工場や風俗営業等での5年を典型とする年季契約が締結され、若年女性等が労働者の長期にわたり劣悪な労働環境から離脱するのを防ぐという人身拘束的機能を果たしており社会的な問題となっていました。

そこで、戦後１９４７年（昭和22年）に制定された労基法では、労働契約の契約期間を、ダム・トンネル・橋梁工事の建設工事等、一定の事業の完了に必要な期間を定めるもののほかは、1年以内に制限する規定を定めました。

その後、50年以上が経ち、時代とともに労働者の人身拘束のおそれが減少し、サービス経済化や女性労働者、高齢労働者の増加など雇用形態の多様化が進み、労働法制もこれらに対応することが求められました。そこで、１９９８年（平成10年）の労基法改正では、有期労働契約の1年の期間制限の例外として、一定の場合に1年を超え3年以内の期間を定めることが認められました。そして、２００３年（平成15年）の労基法改正では、有期労働契約の契約期間が原則1年から3年とし、特例の上限は5年に延長され（労基法第14条）[*1]、契約期間の上限規制が緩和されてきています。

＊1　労働契約に契約期間を設定する場合、一定の事業の完了に必要な期間を定めるもののほかは、原則的に上限は3年とされますが、特例として、①厚生労働大臣が定める基準に該当する高度の専門的な知識、技術又は経験（専門的知識等）を有する労働者が当該専門的知識等を必要とする業務に就く場合、または②満60歳以上の労働者との間の労働契約の場合については、上限は5年となります（労基法第14条1項）。

有期労働契約のルール

欧州諸国では、有期労働契約法制の問題点として、雇用の不安定性に着目して、契約締結につき合理的な理由を必要としたり、更新回数の限度や更新による契約継続期間を制限したりする等して、有期契約労働者の保護を図る立法的規制が行われてきました。

一方で、日本では、長期雇用システムをとっており、無期労働契約では、解雇権濫用法理が確立し、容易に労働契約を解約することは困難な状況にありました。かかる解雇規制を回避する方法の1つとして、有期労働契約が着目され、景気が続く限りは契約を反復更新し、景気が後退した際には期間満了により雇止めを行う、いわば「調整弁」として広く利用されてきました。そういった背景事情もあり、日本では、有期労働契約の締結や更新を制限する立法規制は長い間行われてきませんでした。

しかし、1990年代半ばからの非正規労働者の顕著な増加に伴い、欧州諸国のような立法規制導入の主張が強くなってきました。そうした流れのなかで、2003年（平成15年）の労基法改正では、厚生労働大臣が「有期労働契約の締結、更新、雇止めに関する基準」を策定して行政指導をすることができることになりました（労基法第14条2項、3項）また、2007年（平成19年）に成立した労契法では、必要以上に短い期間を定めることにより有期労働契約の反復更新をしないように配慮することを求める規定（労契法第17条2項）等が設けられました。

翌2008年（平成20年）秋のリーマン・ショックによる大不況のなかで有期契約労働者の雇止めが相次いだことから、有期契約労働者等の非正規労働者の保護のために、法的ルールの樹立を求める動きが加速しました。

そして、2012年（平成24年）8月に労契法が改正され、①無期転換に関する規定（労契法第18条）、②雇止め法理の明文化（労契法第19条）、③期間の定めのあることによる不合理な労働条件の禁止に関する規定（労契法第20条）[*2]が追加されました。

法改正にあたっては、有期労働契約法制の在り方について、日本と諸外国との法規制を比較して検討が行われました。

（1）契約締結理由の制限、（2）契約期間、更新回数等のルール、（3）期間満了、雇止めに係る日本と諸外国のルールを比較すると138～139頁のとおりです。

欧州諸国では、契約締結につき合理的な理由（労働力の一時的な需要や教育訓練場の必要性

＊2　現在は廃止され、パート・有期労働法第8条に統合されています。

（2）契約期間、更新回数等のルール	（3）期間満了、雇止めに係るルール
・なし 同様に契約の自由 ※ただし、実質無期又は雇用保護への合理的期待が認められる場合の雇止めは、解雇権濫用法理類似の概念で無効とされることがある（労契法第19条）。	・3回以上更新されている場合等には、契約期間満了日の30日前までに雇止めの予告が必要。また、労働者の請求により更新しない理由の証明書を交付することが必要（大臣告示）。 ・使用する目的に照らして、必要以上に短い期間を定めることにより、その労働契約を反復更新することのないように配慮しなければならない（労契法第17条2項）。 ・一定の有期契約（1回以上更新かつ1年超の継続勤務）を更新する場合は、実態及び希望に応じて、契約期間をできる限り長くするよう努めなければならない（大臣告示）。
・客観的理由から正当化される場合には制限なし。 ・客観的な理由が存在しない場合、最長2年。その間における更新は3回まで許容。 （但、労使協定で別の定めをすることができる） ・企業の設立後最初の4年間においては、最長4年。その間における複数回の更新も許容。 ・52歳以上の労働者は最長5年。その間における複数回の更新も許容。 ・違反した場合は、無期契約とみなされる。	・雇止めそのものではなく、最後の期間の定めの正当性を争う形となる。 ・同一使用者と以前に労働関係にあった場合は、正当事由が不要な有期契約を締結できない。
・原則最長18か月。その間における更新は1回まで。 ・更新時にも有期労働契約を利用する正当な理由を証明することが必要。 ・違反した場合は、①期間の定めのない契約とみなされる、②賠償金の支払い、③刑事罰	・契約満了時に、期間の定めのない契約での継続が使用者から提示されなかった場合に、使用者から契約終了手当が支払われる（季節的雇用等は適用除外）。 ・契約終了手当の額は、契約期間中に支払われた税込み総報酬の10%（原則）。
・初回締結時から4年経過後に契約が更新された場合等には、無期契約となる。 ・ただし、①客観的に正当化される場合、②労働協約等で延長されている場合は除く。 ・反復継続的利用の濫用を防ぐため、当該上限や正当化事由については労働協約等で変更可能。	・なし ・中断後の再雇用は、中断期間が継続期間として一定の範囲に収まるようなものであれば継続期間として扱われる。
・最長2年。使用者は、2年を超えて時間制（契約）労働者を使用することはできない。もし2年を超えて利用するのであれば、その労働者と期間の定めのない労働契約を締結したとみなす（「期間制及び短時間労働者保護等に関する法律」第4条）。 ・期間の定めのある労働契約であっても、自動反復更新により長期雇用の場合、事実上期間の定めのない雇用に違いないとして、その更新拒否に正当な理由が必要とするものあり。	・雇用期間が2年以下であれば、原則雇止めができる。 ・しかし、それが労働基準法第23条にあたるものでなければならない。 －－労働基準法第23条：「使用者は、労働者を正当な理由なしに解雇、休職、停職、転職、減俸、そのほかの懲罰をしてはならない」 ・期間の定めのある労働契約の場合、その期間が、2年以内であれば、期間満了に伴う解雇は正当なものとみなされる可能性が高い。
・なし	・なし

◎日本と諸外国の「有期労働契約」の比較

	（1）契約締結理由の制限
日本	・なし いかなる事由・目的のために有期労働契約を締結するかは契約の自由
ドイツ	・期間の定めは、客観的な理由により正当化される場合に許容され、客観的な理由は、法律に例示列挙されている。 ①一時的な労働需要への対応 ②他の労働者の代理 ③労働者の個人的事由　など ・もっとも、２年間までは、締結事由の制限なし
フランス	・労働法典において「労働契約は期間の定めなく締結されることが原則である」との規定がある。 ・以下の場合に限定 ①欠勤労働者等の特定の労働者の代替 ②企業の活動の一時的増加 ③季節的業務、または活動の性質及び業務の一時性ゆえに期間の定めのない契約を利用しないことが慣行となっている活動部門での雇用等 ・客観的理由を欠く有期契約は、①期間の定めのない契約とみなされる、②賠償金の支払い、③刑事罰
イギリス	・なし
韓国	・なし
アメリカ	・なし

など）を必要としたり、更新回数の限度や更新による契約継続期間を制限したりしています。一方で、アメリカでは、契約自由の原則への考え方が強く、有期労働契約の利用は契約の自由に委ねられています。また、韓国でも、契約締結につき合理的な理由は求められておりませんが、２年を超えて有期労働契約を締結する場合には無期労働契約に転換させる等、強力な規制が行われています。

日本でも、欧州諸国とは異なり、有期労働契約を締結するに際して、契約締結の理由は求められず、当事者による契約の自由に委ねられています。法改正に向けた労働政策審議会労働条件分科会等では、有期契約の反復更新の回数や期間についての上限を設ける等のいわゆる「出口規制」だけではなく、そもそも有期労働契約の契約締結に特別の事由を求める等のいわゆる「入口規制」の導入についても検討がなされました。しかし、入口規制の導入により、有期労働契約締結事由への該当性について紛争が多発したり、有期労働契約の制限となり雇用縮小効果をもたらす可能性が指摘されたりする等したため、結果として入口規制の導入は見送られることとなりました。

以下で日本の雇止め法理、無期転換ルールについてもう少し詳しくみていきます。

■雇止め法理

雇止めとは、有期労働契約の契約期間満了時に契約更新が行われず、労働契約が終了することをいいます。

日本では、長期雇用システムの下、解雇権濫用法理の適用を避けるため、いわゆる雇用の「調整弁」として有期労働契約が幅広く使われてきた実態がありました。

これに対して、裁判所は、期間の定めのない労働契約と実質的に同視できる場合（「実質無期契約型」といいます）や契約の更新に合理的な期待がある場合（「期待保護型」といいます）など一定の状況下にある雇止めを、解雇権濫用法理を類推適用する雇止め法理を形成し保護を図ってきました。*3

＊3　雇止めは、①実質無期契約型と②期待保護型と大きく2つのタイプに分類されます。①は、業務の客観的内容（業務内容が臨時的・時季的なものでなく恒常的なものか、当事者の主観的態様（雇用継続に関して当事者間でいかなる言動・認識があったか）、更新の手続（反復更新の回数・期間が長期にわたっているか、更新手続が曖昧だったか、これまで更新を拒否した例がないか）などの諸事情を勘案し、当該契約が期間の定めのない労働契約と実質的に異ならない状態で存在していたと認められるときには、雇止めの通知は実質的に解雇の意思表示にあたるため、解雇権濫用法理など解雇に関する法理が類推適用されるとするものを指します（東芝柳町工場事件、最判昭和49年7月22日・民集28巻5号927頁：期間2か月の有期労働契約を5回ないし23回反復更新し長期間にわたって継続雇用されていた臨時工の雇止めが問題となった事例）。②は、実質的に無期契約と異ならない状態とはいえない場合でも、業務内容や当事者間の言動・認識などから、労働者が更新を期待することにつき合理性があると認められる場合には、同様に解雇に関する法理が類推適用されるとするものを指します（日立メディコ事件、最判昭和61年12月4日・労判486-6：期間2か月の有期労働契約を5回更新していた臨時員の雇止めが問題となった事例）。

その後、２０１２年（平成24年）の労契法改正により、判例上形成された雇止め法理が以下のように法律上明文化されました（労契法第19条）[*4]。

【労契法第19条】（有期労働契約の更新等）

有期労働契約であって次の各号のいずれかに該当するものの契約期間が満了する日までの間に労働者が当該有期労働契約の更新の申込みをした場合又は当該契約期間の満了後遅滞なく有期労働契約の締結の申込みをした場合であって、使用者が当該申込みを拒絶することが、客観的に合理的な理由を欠き、社会通念上相当であると認められないときは、使用者は、従前の有期労働契約の内容である労働条件と同一の労働条件で当該申込みを承諾したものとみなす。

一　当該有期労働契約が過去に反復して更新されたことがあるものであって、その契約期間の満了時に当該有期労働契約を更新しないことにより当該有期労働契約を終了させることが、期間の定めのない労働契約を締結している労働者に解雇の意思表示をすることにより当該期間の定めのない労働契約を終了させることと社会通念上同視できると認められること。

二　当該労働者において当該有期労働契約の契約期間の満了時に当該有期労働契約が更新

されるものと期待することについて合理的な理由があるものであると認められること。

なお、本条に反する雇止めが行われた場合には、使用者は、従前の有期労働契約の内容である労働条件と同一の労働条件で当該申込みを承諾したものとみなす、ものであるとして労働契約が法定更新されることが明確化されました。

■無期転換

・無期転換ルール

無期転換ルールとは、有期労働契約が通算5年を超えて繰り返し更新された場合、有期労働契約者の申込みにより、無期雇用契約に転換することを認めるルールです（労契法第18条）。２０１２年（平成24年）の労契法改正により新たに規定が設けられました。

本条の趣旨は、有期労働契約を反復更新して労働者を長時間継続雇用するという有期労働契約の濫用的利用を防ぎ、有期雇用労働者の雇用の安定を図ることにあります。

＊4　本条は、最高裁判決で確立している雇止め法理の内容や適用範囲を変更することなく規定したものであるとされています（平成24年8月10日基発第2号第5の5（2）ウ）。

通算5年のカウントの対象は、２０１３年4月1日以降に開始した有期労働契約からです。そのため、法改正後、最短で、２０１８年4月1日で5年となるため、無期転換を回避するために雇止めが行われることが懸念され、実際に雇止め訴訟等が各地で発生しました。

・5年以内であれば必ず雇止めができるか

もっとも、通算で5年とならなければ必ず雇止めができるわけではなく、上記雇止め法理の適用を受けます。そのため、単に無期転換ルールが適用されるか否かの観点だけではなく、期間の定めのない労働契約と実質的に同視できる場合や契約の更新に合理的な期待がある場合にあたらないか、あたる場合でも雇止めに、客観的に合理的な理由があり、社会通念上相当であると認められるかについても検討を行う必要があります。

・無期転換後は正社員と同様の待遇となるのか

また、無期転換後の労働条件については、就業規則や個々の労働契約等で別段の定めがない限りは、現に締結している有期労働契約の内容である労働条件と同一のものとなります（労契法第18条1項第2文）。そのため、期間の定め以外の労働条件については必ずしも変更を要するものではなく、無期転換後であってもいわゆる正社員と同じ待遇にしなければならないわけではありません。

もっとも、人手不足時代であることも背景事情として、無期転換ルールに関する法改正を契機として、積極的に無期転換ルールを利用したり（限定正社員など新しい雇用区分をつくる等）、また正社員登用制度を新たに設けたりする等、各企業において有期労働契約の在り方についての見直しも行われています。

■有期労働契約の今後について

以上のように有期労働契約の特徴・歴史をみてきましたが、今後の労使関係について、使用者側としては、有期労働契約期間が通算5年を超えて更新された場合には無期転換権が発生すること、不明瞭な有期雇用の利用をしていると雇止め法理の適用により意図せぬ法定更新となる可能性に鑑みて、企業内での有期労働契約制度の存在意義を明確化する必要があると思われます（短期なら短期で契約を終了する、無期転換や正社員化の方向でかじを取るなら限定正社員や正社員の登用制度等を整理し、規定と実態が合っていない場合には就業規則等を整備する等）。一方で、労働者側としても、使用者側が有期労働契約制度をどういった意図で運用しているのかを把握したうえで、自身のキャリア形成を考える必要があると思われます。

LABOR LAW 9

強大な配転命令権はなぜ生まれたのか

■表裏一体の配転命令権と解雇濫用法理

配転とは、労働者の勤務場所または職務内容を変更することを指します。たとえば、東京にある事業所から同じ会社内の大阪事業所に転勤することは、勤務場所の変更としての配転（転勤）です。また、同じ事業所内で営業部から総務部に異動することは、職務内容の変更としての配転（配置転換）です。

配転は、人事ローテーションとして行われる場合もあれば、人員不足や余剰人員を調整するためなど、さまざまな目的で行われます。

使用者が労働者に対して有効に配転を命じるためには、労働契約上、配転命令権を有していることと、当該配転命令が権利の濫用に該当しないことが必要となります。

通常、就業規則上に配転命令権についての規定が置かれていれば、労働契約上の配転命令権は基礎づけられます。ただし、使用者と労働者との間で職種限定の合意や勤務地限定の合意が有効に存在している場合には、使用者は当該合意の範囲を超える配転命令権を有していないことになります。もっとも、職種限定の合意については、明示の合意がなされていない場合には、裁判所はその認定に消極的な傾向にあります。[*1]

配転命令が権利の濫用に該当するかどうかは後述する東亜ペイント事件最高裁判決において判断基準が確立され、①業務上の必要性がない場合、②不当な動機目的をもってなされたとき及び③労働者に対して通常甘受すべき程度を著しく超える不利益を負わせるものであるとき等には、配転は権利濫用として無効と判断されます。

本項では、権利濫用の判断枠組みがどのように変遷してきたのかをみていきましょう。

■昔は違った？　配転命令権の裁量権の広狭

使用者が配転を有効に行うためには、一般に、使用者が配転命令権を有しており、かつ当該配置転換を行うことが権利濫用に該当しないことが必要となります。しかし、具体的にどのような配転命令が無効となるかは、後述する東亜ペイント事件最高裁判決が出される以前の各裁

＊1　職種限定合意の成立を否定した例として、九州朝日放送事件、最高裁第一小法廷平成10年9月10日判決・労判757号20頁。

判例の傾向は時代ごとに変遷がみられます。

昭和40年代に配転命令について争われた裁判例をみると、今日の裁判例に比して比較的使用者側に厳しい判断をしているものが散見されます。配転命令（材料管理課出荷係でバッテリー充電作業に従事していた労働者に対して人事課人事係への配置転換が命ぜられたもの）拒否に対する解雇の有効性が争われた裁判例（東京地判昭和42年6月16日・労民集18巻3号648頁）において、裁判所は「使用者が労働者に対し指揮命令権を行使して配置転換をして、従前と異なる労務の提供を命じ得るのは労働者が労働契約によって使用者の提供すべきものと定めた労務の種類ないし範囲に限られ、その範囲を出たのでは、その労働契約の趣旨に反するから、会社の債権者に対する右命令によって、債権者が会社に対しこれに応じる労働を給付すべき義務を負担するものではない」として配転命令の効力を否定し、かかる配転命令に拒絶したことを理由とする解雇は無効である旨の判断を示しました。

夫婦別居を伴う配転命令の有効性が問題になった裁判例（秋田地判昭和43年7月30日・労民集19巻4号859頁）においては、配転命令の有効性判断枠組みについては「一般に使用者は労働契約においてその勤務場所、具体的な職種が特定されておらない限り、契約の趣旨、目的に反しない限りにおいて労働者が給付すべき労働の態様を決定する権限を有し、右権限の行使として業務上の理由に基づいて労働者に転勤を命ずるのであるが、反面、転勤は労働者の生活関係に重大な影響を与えることがあることも亦事実である。そうであるから業務上の理由に基づく転勤命令であるからといつて無制約に許されるものとは解すべきではなく、右権限の行使はそれがもたらす結果のみならず、その行使の過程においても、労働関係上要請される信義則に照らし、当然に合理的な制約に服すべきものであり、その制約は具体的事案において業務上の理由の程度と労働者の生活関係への影響の程度とを比較衡量して判断されなければならないものである。」との一般論を示したうえで、労働者が夫婦別居を強いられることの精神的、経済的影響等に着目し、当該配転命令は「合理的制約を逸脱したものとして無効」と判断しました。

このように、昭和40年代の裁判例では、配転命令を拒否したことを理由とする解雇が無効と判断され、また夫婦別居になることを理由として配置転換を無効と判断していることからわかるように、使用者の配転命令権は必ずしも広く認められているものとはいい難い状況にありました。

■配転命令権の拡大、最高裁判決の登場

高度経済成長期の終焉を迎え低成長に移行した昭和50年代の裁判例は、配転命令の有効性について寛容なものが増加します。[*2] 労働集約型の産業に主導されてきた高度経済成長期を終え、人口は次第に首都圏に集中する時代になり、人材配置の適正化を図る社会的必要性が高まりました。このことが、配転命令の有効性判断にも影響を及ぼした理由のひとつであると考えられ

ます。

その後昭和61年、配転命令の有効性が争われた事例について最高裁が初めて判断を示しました（東亜ペイント事件、最二判昭和61年7月14日・集民１４８号２８１頁）。

事案は、神戸営業所で塗料・化成品の製造、販売を行っていた労働者に対し使用者が名古屋営業所への転勤を発令したところ、当該労働者はこれに従わなかったため懲戒解雇されたというものです。当該労働者は、本件転勤命令及び懲戒解雇が無効であることの確認等を求めて訴えを提起しました。

これについて最高裁は、「使用者は業務上の必要に応じ、その裁量により労働者の勤務場所を決定することができるものというべきであるが、転勤、特に転居を伴う転勤は、一般に、労働者の生活関係に少なからぬ影響を与えずにはおかないから、使用者の転勤命令権は無制約に行使することができるものではなく、これを濫用することの許されないことはいうまでもないところ、当該転勤命令につき業務上の必要性が存しない場合又は業務上の必要性が存する場合であっても、当該転勤命令が他の不当な動機・目的をもってなされたものであるとき若しくは労働者に対し通常甘受すべき程度を著しく超える不利益を負わせるものであるとき等、特段の事情の存する場合でない限りは、当該転勤命令は権利の濫用になるものではないというべきである。」と述べ、配転命令が権利濫用となる場合の3類型（①業務上の必要性が存しない場合、②不当な動機・目的がある場合、③通常甘受すべき程度を著しく超える不利益がある場合）を一般論として提示しました。これに加え、「業務上の必要性」の判断は、「当該転勤先への異動が余人をもつては容易に替え難いといつた高度の必要性に限定することは相当でなく、労働力の適正配置、業務の能率増進、労働者の能力開発、勤務意欲の高揚、業務運営の円滑化など企業の合理的運営に寄与する点が認められる限りは、業務上の必要性の存在を肯定すべきである。」として、適正配置等企業の合理的運営に寄与するのであれば業務上の必要は認められるという緩やかな枠組みを示しています。配転を命ずるにあたり、「この人でなければこの仕事は務まらない」とまでいえる必要はないのです。

そのうえで、当該事例については、名古屋営業所への転勤が原告に与える家庭生活上の不利益（神戸から名古屋に転勤となることで妻子及び母親と別居を余儀なくされるということ）は転勤に伴い通常甘受すべき程度のものであるとして、転勤命令は権利の濫用にはあたらないと

＊2　東京総局から九州支局への転勤命令が有効とされた例（テック事件、東京地裁昭和50年10月29日判決）。
転勤命令拒否を理由とする解雇が有効とされた例（北陸コンクリート工業事件、福井地裁昭和51年2月6日判決）。

同じ会社で共働きをしていた夫婦の夫に対してなされた東京工場から岡山営業所への転勤命令を有効とした例（吉野石膏事件、東京地裁昭和53年2月15日決定）。

高槻工場研究室から札幌出張所への転勤命令が適法とされた例（日新化学研究所事件、大阪地裁昭和57年11月19日決定）。

判断されました。

この最高裁判例は従来の地裁判例の判断枠組みを基本的には踏襲したものであり、今日においても配転命令の有効性判断におけるリーディングケースとして参照されています。

■使用者に広い配転権限が与えられた理由

我が国では解雇権濫用法理（労契法第16条）のもとで使用者が行う解雇の有効性が非常に厳しく判断される一方、使用者の配転命令権の裁量は今日まで広く認められてきました。このことは、終身雇用を前提とした「ゼネラリスト」を育成すべく新卒一括採用してきた我が国の雇用形態を根強く反映したものといえます。我が国の新卒採用者に対しては特別な技能や経験を有していることを前提して採用されるという場合は少なく、むしろ企業内のどの部署に配属となっても当該部署の職務内容に順応することができることが求められてきました。仮に特定の部署で当該職務内容に順応することができなかったとしても直ちに解雇をすることは容易ではなく、通常、他の業務でパフォーマンスを発揮するチャンスを与えることが求められるのです。すなわち、特別な技能や経験を前提とせずに広い「使い道」を予定して労働者を採用している以上、たとえある部署でパフォーマンスが不足している労働者がいたとしても、使用者はほかの「使い道」を模索しなければなりません。このようなパフォーマンスが不足する労働者の解雇が問題になる裁判において、「会社は当該労働者のパフォーマンスが発揮できるようにきちんとした指導を行ってきたのか？」、そして「たとえ今の部署でパフォーマンスが悪いとしても、他の部署でならパフォーマンスを発揮できるよう調整したのか？」と、会社が十分な解雇回避義務を尽くしたのかを厳しく審査されます。配転によって当該労働者を活用するという方法により雇用継続をする余地があるのであれば、解雇が無効と判断されてしまう可能性が高まります。使用者は、労働者に多少の問題があったとしても「使えるのであれば使う」努力をしなければならないのです。

このような前提のもと、仮に配転命令権の行使が解雇と同様にきわめて限られた状況でしか許されないのであれば、使用者は「解雇ができない。配転もできない」という進退窮まった状況に置かれてしまうことになります。使用者が「使えるのであれば使う」努力をするためには、その前提として、どこで何のために「使う」のか、すなわちどのような配転を命じるかの判断は広い裁量が認められなければなりません。

このような背景から、我が国において、配転命令権の行使について使用者に広い裁量が与えられているのです。厳しい解雇権濫用法理と緩やかな配転命令権とはいわば表裏一体の関係にあり、使用者の配転命令が広く認められている理由はここにあるといえるでしょう。

■条文化された出向、取り残された配転

配転に類似した概念として、「出向」と呼ばれるものがあります。出向とは、労働者が雇用

先企業に在籍したまま他の企業の従業員として業務に従事することをいいます。企業内の人事異動である配転に対して出向は企業外への人事異動であるため、配転よりも労働者に与える影響の程度は類型的に大きいといえます。

出向については、「使用者が労働者に出向を命ずることができる場合において、当該出向の命令が、その必要性、対象労働者の選定に係る事情その他の事情に照らして、その権利を濫用したものと認められる場合には、当該命令は、無効とする。」（労働契約法第14条）と労働契約法上の条文が存在します。労働契約法上の条文として、出向についてのルールが置かれた一方、配転については労契法上個別の条文は置かれていません。なぜ、出向については労働契約法上の個別条文が置かれ、配転については労働契約法上条文化がなされなかったのでしょうか？

実は、労働契約法策定の過程においては、転勤を伴う配置転換を命じる場合には労働者の意向打診を行うこと、労働条件の再掲を行うことを使用者の義務とすること、また、使用者が転勤を伴う配置転換を命じる際には必要性の有無、使用者に他の不当な動機があるか否か、労働者が被る不利益の程度等の事情を考慮し、その権利を濫用するものであってはならないものとする旨をルール化することも検討されていました。[*3] 第57回労働政策審議会労働条件分科会においては、使用者代表者委員から、転勤を伴うルール化について、確立した最高裁判例のルール化の限りでは賛成であるとの発言もなされていました。

しかし、その後第65回労働政策審議会で配布された資料「各側意見の調整のための論点」からは、配転については明示の記載からは除かれました。この点について、なぜ配転が資料「各側意見の調整のための論点」から除かれたのかと労働者代表委員から質問があった際、第65回

＊3　第59回労働政策審議会労働条件分科会資料「労働契約法制及び労働時間法制の在り方について（案）」には、「〔出向、転勤、転籍〕
(4)　使用者が出向や転居を伴う配置転換（転勤）を命じ、又は転籍の申出を行う場合のルールを次のとおり明確にする。
ⅰ　使用者が出向や転勤を命じ、又は転籍の申出を行う場合には、労働者への意向打診、労働条件の書面明示（再掲）を行うこととする。
ⅱ　転籍については、使用者が労働者の個別の承諾を得ないで行った場合には、当該転籍は無効とするものとする。また、この場合における承諾は書面によるようにしなければならないものとする。
ⅲ　転勤については、その配置転換の必要性の有無、使用者に他の不当な動機があるか否か、労働者が被る不利益の程度等の事情を考慮し、その権利を濫用するものであってはならないものとする。」との記載がなされています。
また、第54回労働政策審議会労働条件分科会の議事録には、事務局より、「出向、転籍、転勤ですが、使用者が出向や転居を伴う配置転換を命じ、又は転籍の申し出を行うことに当たり、労働者の意向打診、あるいは労働条件の書面明示等を行うことが考えられないかということです。使用者は、当該企業内で普通の配置転換と同視し得る出向については、不合理なものでない限り、労働者の個別の承諾を要せずして、出向を命じることができると考えられないかということです。次の○は、労働者の個別の承諾がなければ、転籍をさせることはできないとすることが必要ではないかということです。また、基本的な事項において、権利濫用をしてはならないと1頁で御紹介させていただきましたが、転居を伴う配置転換等についても、その権利を濫用してはならないということが考えられないかということです。」との発言がなされています。

労働政策審議会労働条件分科会において、監督課長は「前回9月11日に議論していただくときに、労働契約のいろいろなルールの中でも特に重要なものについてルール化をしていくということで、その代表選手として安全配慮義務、出向、転籍、懲戒を選んで、これを主たる議題の範囲としてやっていこうということでご議論いただいたのではないかと、理解しているわけです。その中で、当然労働契約の中については、いろいろな範囲で幅広い問題がありますが、その中からまずは急ぐところ、重要なところで、ある意味では労働者に対する影響の度合の非常に大きなところから議論していくことがよろしいのではないかということで、この4つを挙げさせていただいているということです。」と、労働者に対する影響が大きいもののみを取り上げたとの回答がなされています。同65回審議会においては労働者代表委員からは、仕事が変わって遠くへ行くということが配転であり得る以上配転も出向と同じように労働者の生活にかかわること等を理由にルール化すべきであるとの意見も出されましたが、その後の審議会においては、労働契約法案[*4]が国会提出されるまでの間、転勤を伴う配置転換についてルール化が再検討されることはありませんでした。結局のところ、転勤は出向に比して労働者に与える影響は相対的に小さいものとして、取り残された形となったのです。

上述の第65回審議会において使用者代表委員から「ジョブローテーションや企業グループ内の人事の異動を考えれば、出向や配転権についてはそんな厳しい縛りをしたのではとても人事が成り行かない」との発言がなされていますが、これはまさに我が国で広い配転命令権が使用者に与えられていることが、ジョブローテーションにより「ゼネラリスト」を育成し日本型の終身雇用の前提となっていたことを象徴するものでしょう。

その後、現在に至っても配転については労働契約法上条文化がされていないため、その濫用の有無はあくまで労働契約法上の一般規定（第３条５項）による濫用審査がなされるという判断枠組みで、上述の東亜ペイント最高裁判決を引用して濫用審査がなされています。

■配置転換権の今後

政府は、正社員と非正規雇用労働者の働き方の二極化を緩和し、労働者のワークライフバランスや企業による人材確保・定着の実現を目的として「多様な正社員」の普及・拡大を促進しています。[*5] ここで提言されている「多様な正社員」とは、具体的には勤務地限定正社員や職務限定正社員、勤務時間限定正社員が念頭に置かれています。[*6]

勤務地限定正社員や職務限定正社員に対しては、使用者が配転命令権を有しない（勤務地限

＊４　第１６６回国会閣法第80号
＊５　厚生労働省「規制改革推進会議保育雇用ＷＧ資料　多様な正社員について」令和元年５月13日
＊６　厚生労働省「『多様な正社員』の普及・拡大のための有識者懇談会報告書」平成26年７月

定正社員については限定された当該勤務場所を超える配転命令が、職務限定正社員に対しては限定された当該職務変更を超える配転命令が）ことになります。[*7]すなわち、勤務地限定正社員や職務限定正社員の導入は、使用者が有している強大な人事労務権限である配置転換権の放棄を意味するのです。

さまざまな業種・規模の企業が「多様な正社員」の導入に乗り出しており、[*8]この動きは今後も拡大していくことが予想されますが、これに伴い、終身雇用を前提とした「ゼネラリスト」を育成すべく新卒一括採用してきた我が国の雇用形態にも次第に変化がもたらされるのではないのでしょうか。

＊7　勤務地限定正社員や職務限定正社員については使用者との間の契約書面によって当該限定が明記されていることが通常であるため、上記で紹介した裁判例と異なり、「勤務地限定の合意があったか」や「職務限定の合意があったか」が問題となることも想定しにくいといえるでしょう。

＊8　厚生労働省「多様な人材活用で輝く企業応援サイト」（https://tayou-jinkatsu.mhlw.go.jp/cases/index.php）

LABOR LAW 10

休職

■病気やケガで働けなくなった場合

人は誰しもが病気やケガ（以下、「傷病」といいます）をし、働けなくなる可能性があります。傷病が原因で就労ができなくなった場合には、労働契約の本来的義務である労務の提供をすることができません。そのため、労働契約上は債務不履行として労働契約の解除（解雇）の議論となりえます。[*1]

傷病が短期間で治癒される場合には、年次有給休暇等を利用して急場をしのぐことが実際には多いですが、傷病が治癒されず長期にわたる療養が必要な場合には、労働契約が解除（解雇）

＊1　なお、労働者の病気やケガの原因が業務上のものであれば、その療養のために休業する期間およびその後の30日間については、使用者は解雇をしてはならないという解雇制限の規定があります（労基法第19条1項）。

されてしまうのかという問題に直面します。

この点、我が国の企業では就業規則で傷病休職制度を設けている場合が多く、傷病が治癒されず長期にわたる療養が必要な場合には、休職という取扱いとして、一定期間休むことを認めます。休職期間中の労働契約を維持したまま、労働義務を一時的に消滅させ、傷病が治癒することを一定期間待つことになります。

そのため、傷病休職制度の意義としては、本来であれば労働契約の解除（解雇）が議論されるところ、これを一定期間猶予するものであって、「解雇猶予措置」としての意義を持っているといえます。

■休職制度

休職制度は多くの企業で採用されていますが、実は労働関係法令上に根拠規定はなく、私企業にとっては法律上確立された制度ではありません。[*2][*3]

そのため、休職制度を定めるか否か、どういった制度設計（休職とする場合の要件、休職期間、休職期間中の賃金の有無、復職に関する手続き、復職できない場合の取扱いなど）とするかについては各企業と労働者との労働契約に委ねられており、就業規則や労働協約などの定めによって規律されることになります。[*4]

傷病休職制度の場合、一般的には私傷病による労働者の欠勤が一定期間に及んだ場合を要件として（たとえば、業務外の傷病により欠勤し、１か月を経過してもその傷病が治癒しないとき）、当該要件に該当する労働者に対して、使用者が休職命令を行うことになります。休職期間の長さについては、通常勤務年数や休職事由に応じて異なって定められます。休職期間満了前に労働者の休職事由が消滅した場合には復職となりますが、休職期間が満了しても労働者の休職事由が消滅しない場合（傷病休職制度の場合は傷病が治癒[*5]せず就労ができない場合）には、

＊2　通常の年次有給休暇以外で、連続して1か月以上、従業員が私傷病時に利用できる休暇・休職・休業制度がある企業は、全体の91・9％あるとの調査結果（労働政策研究・研修機構「メンタルヘルス、私傷病などの治療と職業生活の両立支援に関する調査」JILPT 調査シリーズ№１１２、２０１３年、31頁）があります。

＊3　公務員に対しては国家公務員法、地方公務員法に、病気休職、起訴休職の規定があります（国家公務員法第61条、75条、79条、80条、地方公務員法27条、28条）。

＊4　なお、休職制度には、業務外の傷病を原因とする傷病休職の他に、傷病以外の自己都合による欠勤（事故欠勤）を原因とする事故欠勤休職、刑事事件において労働者が起訴された場合に一定期間あるいは判決確定までの間休職とする起訴休職、他社への出向に伴う自社での不就労に対応するための出向休職などがあります。

＊5　「治癒」した場合とは、原則としては従前の職務を通常の程度に行える健康状態に復したときを指すものと考えられていますが、裁判例上は、従前の業務に復帰できる状態ではないとしても、より軽易な業務には就くことができ、そのような業務での復職を希望する者に対しては、使用者が現実に配置可能な業務の有無を検討する義務があり、ただちに労働契約を終了することはできないとされています（ＪＲ東海事件、大阪地判平成11年9月4日参照）。

労働契約が自動的に終了する（自然退職）、あるいは解雇となります。

上述のように休職に関する法律上の根拠がないことから、休職命令の発令や復職の際のトラブルに関して、就業規則の該当性や解雇権濫用法理の適用などの解釈については、裁判例の集積によってルールがつくられている現状があります。

■傷病休職制度の背景

日本の傷病休職制度の在り方については、終身雇用を念頭に置いた日本型雇用システムという観点から制度をみるとよくわかります。

終身雇用を念頭に置いた日本型雇用システムでは、長期的な継続的雇用関係が前提となっています。その長期にわたる雇用期間中においては、労働者が傷病による欠勤、休業をすることは大いに想定される事態であり、一定期間の療養で傷病が治癒するのであれば、傷病が治癒した場合には復職をして働き続けるということも想定されているもの（労働者もそれを望むことが多い）と考えられます。

企業にとってもすぐに代わりとなる労働者の確保が困難であったり、確保できたとしても一から教育をしなければならなかったりするなどの手間がかかり、一定の期間で復職してもらえるのであれば、復職を待ったほうがよいというメリットがあります。

また、終身雇用を念頭に置いた日本型雇用システムにおいては解雇に関しては解雇権濫用法理（労契法第16条）により非常に厳しく裁判所から判断される傾向にあります。その傾向は休職制度についてもいえ、休職期間満了時に解雇とする場合のみならず、休職期間満了による自然退職とする場合においても、解雇権濫用法理の潜脱とならないように、復職の判断に関して裁判所から厳しく判断される傾向にあり、容易には契約解消が認められない状況にあります。

以上のように、傷病休職制度は、労働契約関係の安定化という作用をもたらし、終身雇用を念頭に置いた日本型雇用システムを下支えしてきたという背景があります。

■諸外国との比較

傷病休職制度については、終身雇用を念頭に置いた日本型雇用システムに基づき制度が形成されてきていますが、諸外国においては同様の形ではありませんが、病気を原因とした休業について、病気休暇等、さまざまな制度をつくり対処しています。

フランスでは、病気休暇制度があり、病気等により長期に欠勤をする場合、療養のために勤務を中断する旨を使用者に通知し、医師の診断書を提出すれば労働契約が停止されることになります。[*6] フランスの場合は、日本のように使用者側から傷病休職の命令を行い休ませるという考え方は採用されておらず、あくまで労働者からの要請に基づいて病気休暇を取らせるという制度設計となっています。

アメリカでは、上記病気休暇のような制度はなく、基本的には当事者間の契約に委ねられており、契約内容として任意で有給休暇・（有給）病気休暇などについて定められていることが多くあります。また、州単位では、有給病気休暇（PAID SICK LEAVE）[*7]を導入する州が増えており、当事者の任意に委ねるのではなく法的な制度としての整備もなされるようになってきています。アメリカの場合も、労働者からの申し出があった場合に有給病気休暇を与えるという制度となっています。

なお、日本の休職の場合は、賃金保障に関する制度設計も使用者に裁量があり、賃金を保障する決まりはありません。もっとも、公的医療保険（健康保険、国民健康保険、各種共済組合など）の被保険者に対しては、傷病により就労できなくなった場合に、療養中の生活保障として保険者（全国健康保険協会、健康保険組合など）から傷病手当金[*8]を受け取ることができます。

■今後の課題

昨今では、メンタル不調を訴える従業員の数が増加傾向にあり、傷病休職制度に関する社会的要請は高まっています。また、働き方改革の一環である同一労働同一賃金に関する厚生労働省のガイドラインにおいて、短時間労働者・有期雇用労働者に対しても休職制度適用を認めるよう拡大の方向が示されています[*9]。

一方で、終身雇用を念頭に置いた日本型雇用システムの見直しが進むなか、傷病休職制度はどうあるべきか、解雇猶予措置としての側面を緩和する余地はあるのか、といった議論もありうるかと思われます。労働者保護、労働契約関係の安定化の観点から休職制度を現状のまま維持・拡大するのか、傷病により休むことが可能な病気休暇、年次有給休暇などの休暇制度も踏まえ一体的に制度設計を新たにするのか等、傷病によって休むことに関する労使関係の在り方について、今後の日本の課題として検討していく必要があるかと思います。

＊6　なお、病気または事故（除く労災）により欠勤した場合、医師の診断書提出を条件として、健康保険助成金庫から欠勤4日目以降病欠手当てが支給されます。

＊7　カリフォルニア州では、Healthy Families, Healthy Workplaces Act of 2014の施行により、２０１５年（平成27年）7月1日より、入社から90日が経過した従業員（パートタイムも含む）で、かつ1年間に30日以上勤務する従業員に対して、年間最低3日以上の有給病気休暇が義務付けられました。

＊8　連続して3日以上仕事を休み賃金の支払いがないときは、4日目から支給されます。また、支給額は、1日につき標準報酬日額（標準報酬月額の30分の1）の3分の2の額、支給期間は、支給を開始した日から1年6か月の期間となります。

＊9　同一労働同一賃金ガイドライン抜粋（厚生労働省告示第４３０号、14頁（4）病気休職、平成30年12月28日）
「短時間労働者（有期雇用労働者である場合を除く。）には、通常の労働者と同一の病気休職の取得を認めなければならない。また、有期雇用労働者にも、労働契約が終了するまでの期間を踏まえて、病気休職の取得を認めなければならない。

（問題とならない例）

A社においては、労働契約の期間が1年である有期雇用労働者であるXについて、病気休職の期間は労働契約の期間が終了する日までとしている。」

LABOR
LAW

第3章

多様な雇用の在り方とそれらを取り巻く法制度

第3章　サマリー

これまで個人の働き方は、企業に雇用されるかたちが主流でした。しかし、最近では、フリーランスやクラウドワーカーなど雇用のかたちをとらない（非雇用型）の就業形態が広がっています。非雇用型の就業形態の利点は、自身のライフスタイルや価値観に合った自由な働き方を実現しやすいところです。しかし、他方で、労働法による手厚い保護を受けられないおそれがあります。このように就業形態が多様化した現代社会においては、雇用と非雇用の境界を理解することがますます重要となってきているといえます。本章では、最初に「労働者とは誰か」、つまり、労働法の保護を受ける者なのか、そうでないのかはどのように判断されるかをみていきます。

次に、第2章でみてきたように、日本の伝統的な雇用制度は長期雇用を重視し、長期雇用を前提とした正規雇用者（正社員）の待遇を手厚くする傾向がありました。ところが、非正規雇用者の数が増え続け、正社員と非正規社員との待遇格差が社会問題となりました。この正規と非正規との待遇格差を是正するルールが「同一労働同一賃金」関連法規です。本章では、「同一労働同一賃金」についてもみていきます。

また、人手不足が深刻化している現代の日本においては、企業が労働力を調達する手段である人材サービスや高齢者雇用の重要性が高まっています。そこで、「職業紹介・労働者派遣」、「高齢者雇用」についてもみていきます。

- ●労働者とは誰か
- ●職業紹介・労働者派遣
- ●「同一労働同一賃金」改革に関する法改正はどのようなものか
- ●日本の高齢者雇用

LABOR LAW 1

労働者とは誰か

業務委託の受託者は労働者とどう違う?

本項のテーマは、労働者とは誰かというものです。これを把握するには、労働者以外の者との違いを考えてみるのが有益です。そこで、まずは以下の業務委託の例をみてみましょう。

オレは、トラックを持っている。オレは、A社との間で業務委託契約を結んで、A社の指示に従って製品などの運搬を行ってきた。ところが、ある日の荷降ろし作業中、腰に激痛が走り、倒れこんでしまった。そのまま病院へ搬送され、手術を受けた。手術後、医者から、少なくとも1か月は入院して安静にすることが必要といわれた。このまま入院が続くようだと、今後の生活が不安になるし、治療費もいくらかかるのかわからない。そういえば、A社の従業員であれば、こういう場合、労災補償を受けられるはずだ。オレは、当初、A社の担当者に「君は自営業だから、君とは業務委託契約になる」といわれて、漫然とA社と業務委託契約を結んだ。しかし、オレは、A社の従業員（運転手）と同じようにA社の指示に従って仕事をしていた。A社の従業員（運転手）と同じように働いていたのだから、オレも労災補償を受けられるのではないか？

■労働者とは？

まず、労働法とは、労働者の権利や利益を守るための法的ルールを全部ひっくるめた呼名（総称）であり、その適用を考えるにあたっては、労働者が主役となります。労働者でない者は、労働法の適用対象外となります。

誰が労働者かということについては、法律に定めがあります。たとえば、労働条件の最低基準を定めた代表的な法律である労働基準法において、労働者は、次のように定められています（同法第9条）。

【労働基準法第9条】
「この法律で『労働者』とは、職業の種類を問わず、事業又は事務所（略）に使用される者で、賃金を支払われる者をいう。」

すなわち、労働基準法上の労働者であるかどうかは、「使用される者」であって、「賃金を支払われる者」であるかの2点がポイントとなります。2点のうち、「賃金を支払われる者」であるかはわかりやすいですが、「使用される者」かどうかについては、実務上、「使用従属性」という言葉に置き換えられることが多いです。

「使用従属性」の判断については、以下の裁判例の判断が参考になります。

（事案）【横浜南労基署長事件（旭紙業事件）】

Xは自己の所有するトラックをA社に持ち込んで、専属的にA社の製品の運送業務に従事していました。Xは、積み込み作業中に転倒し、傷害を負いました。

そのため、Xは、所轄のY労働基準監督署長に対して、労災保険法に基づいて、労災保険法所定の療養・休業補償給付を請求しましたが、Yは、Xは同法上の「労働者」[*1]に該当しないとして、不支給処分としました。

Xはこの不支給処分の取消しを求めて、訴えを提起しました。

一審の裁判所はXが「労働者」に該当するとして、Xの請求を認容しました。

しかし、二審の裁判所（控訴審）は一審を取り消し、Xが「労働者」に該当しないとして、Xの請求を棄却しました。

（最高裁判所の見解）

Xは、業務用機材であるトラックを所有し、自己の危険と計算の下に運送業務に従事していたものである上、Y社は、運送という業務の性質上当然に必要とされる運送物品、運送先及び納入時刻の指示をしていた以外には、Xの業務の遂行に関し、特段の指揮監督を行っていたとはいえず、時間的、場所的な拘束の程度も、一般の従業員と比較してはるかに緩やかであり、XがY社の指揮監督の下で労務を提供していたと評価するには足りないものといわざるを得ない。

そして、報酬の支払方法、公租公課の負担等についてみても、上告人（X）が労働基準法上の労働者に該当すると解するのを相当とする事情はない。

そうであれば、Xは、専属的にY社の製品の運送業務に携わっており、同社の運送係の指示を拒否する自由はなかったこと、毎日の始業時刻及び終業時刻は、右運送係の指示内容のいかんによって事実上決定されることになること、右運賃表に定められた運賃は、トラック協会が定める運賃表による運送料よりも一割五分低い額とされていたことなど原審が適法に確定した

＊1　労災保険法上の「労働者」と労基法上の労働者は同じ意味であると解されています。

その余の事実関係を考慮しても、Xは、労働基準法上の労働者ということはできず、労働者災害補償保険法上の労働者にも該当しないものというべきである。

以上が裁判所の判示内容です。この内容から、「使用従属性」の判断は、さまざまな判断要素を総合的に考慮してなされていることがおわかりいただけると思います。

裁判所は、契約の締結形式が雇用契約であるか、業務委託契約であるかなどの契約締結の形だけで労働者であるかを判断していません。

労働者であるか否か（「使用従属性」があるか否か）は、業務遂行上の指揮監督がどの程度及んでいるか、時間的・場所的拘束性がどの程度あるか、仕事の依頼に対する諾否の自由があるかを中心的な判断要素とした個別の実態で決まります。

具体的に述べますと、工場で働いていていて給料をもらっている人が労働者にあたることは誰も疑いありません。オフィスで働く普通のサラリーマンやＯＬが労働者にあたることも同じです。こうした人たちは、指揮監督を受けて働いているし、勤務時間や勤務場所も指定されているし、仕事の依頼を拒否できるわけでもないからです。

他方、他人の指揮監督を受けず、勤務時間も勤務場所も自分で選ぶことができる自営業者は労働者ではありません。「使用従属性」がないからです。

しかしながら、１７０頁の例のように、企業と「業務委託契約」を締結している「自営業者」

であっても、実態から「使用従属性」が認められ、労働者と判断されることがあります。

■労働法はどうして労働者だけを保護するのか

労働者であると、労働法の適用を受け、そこで定められている権利や保護を享受できます。たとえば、1日8時間を超えて働くと割増賃金をもらうことができますし、年次有給休暇を取得することもできます。また、仕事中にケガをしたり病気になったりすると、労災補償を受けることができます。失業時の所得保障をしてくれる雇用保険もあります（ただし、一定の条件があり、すべての労働者が加入できるわけではありません）。

他方、これが、自営業者となると、割増賃金も年次有給休暇もなければ、労災補償もありません（一人親方など一定の自営業者にのみ、労災保険制度への特別加入が認められています）。雇用保険もありません。

このように、労働者と自営業者との間には、権利や保護の内容に大きな差があります。どうしてそうなるかというと、労働法は、使用者に指揮監督を受けて雇われている人を保護することを目的とするものだからです。労働者は、使用者に従属しているから、保護を必要とする存在であり、そのための保護法が労働法なのです。誰にも従属せずに働いている自営業者は、保護を要しない存在とみなされているのです。

■最近の問題――個人業務請負業者等をめぐる法的な対応――

近年においては、企業が役務の提供を受ける就業者を「労働者」ではなく「個人事業主」等と位置付けて、業務委託契約などの形式で取引を行う個人業務請負、フリーランスなどの「非雇用型」の就業形態が広がりをみせています。

たとえば、このような形態は、前述した運送業の運転手、小売業のフランチャイジー（コンビニの店主等）、リラクゼーション・セラピスト、出版業のフリーランスの記者、製品の出張修理業務の個人代行店などで広がっています。

とりわけ有期雇用労働者、パートタイム労働者などの非正規労働者への待遇改善や雇用安定の法的要請が強まると、そもそも「非正規」労働者として労働法規の適用を受けず、社会保険料の使用者負担も求められない自営業者の形式を利用して、コスト削減や雇用調整を容易にしようとする動きが広がることが想定されます。

このような広がりに対して、日本の現行法は、①実態に応じた労働者性の判断（労働者と認められる場合の労働法の適用）、及び②労働者に該当しない場合の㋐法令上の特例措置と㋑労働契約法理の趣旨に照らした適用（法律の類推適用）によって対応しています。

契約の名称・形式として業務委託契約等の形がとられていたとしても、労働法規の適用対象を決する「労働者」性の判断（①）においては、その実態に照らして判断がなされることは前述のとおりです。これまでの判例・裁判例においても、個人業務請負業者等の労基法・労契法上の労働者性について、その実態に応じて労働者性が肯定された例と否定された例があります。労使双方にとって重要であるのが、契約の名称・形式で決まるのではなく、その実態によって決まるという点です。労基法・労契法上の労働者性が肯定された場合には、労基法・労契法等の労働関係法規が適用されます。

また、労働者に該当しない場合（②）であったとしても、㋐労災保険法上の特別加入制度（第33条以下）では、中小事業主、一人親方、特定作業従事者等について労災保険の任意加入を認め、労働者に準じた保護をしています。さらに、㋑判例上形成された労働契約法理は、その根拠や趣旨に照らし、労基法・労契法上の労働者に該当しない就業者にも適用（または類推適用）されることがあります。たとえば、就業者の生命・身体等の安全の確保を図る安全配慮義務、危険責任・報償責任の原理に基づく損害賠償義務の限定などは、労基法・労契法等の労働者に該当しない個人業務請負業者等にも適用（類推適用）されうるものと解されています。

このように、個人業務請負業者等については、個別の法律や法理の実態に即した解釈・判断によって個別に対応されているのが現状です。もっとも、その問題の広がりと社会的重要性を考えると、これらの就業者の正確な実態調査・把握をしたうえで、有期雇用労働者、パートタイム労働者等の非正規労働者と社会的に連続線上にある問題として総合的・包括的な政策的な対応をとることも、今後の日本の重要な課題となると解されます。

LABOR LAW 2

職業紹介・労働者派遣

■人材ビジネスの概要

職業紹介や労働者派遣などの人材サービスは、今日、企業が労働力を調達するうえで不可欠の手段になっています。「職業紹介」とは簡単にいえば、仲介業者が求職者（労働者側）と求人者（会社側）の間に入って両者をマッチングさせて雇用に結びつける形態であり、「労働者派遣」は、ある会社（派遣元）が雇用する労働者を別の会社（派遣先）の指揮命令下で働かせる形態です。形態としての違いはあるものの、両者とも、人のもつ労働力としての価値に着目して、人材を提供することにより利益を得ている事業という点で共通します。

今日では当たり前となったこれらの人材サービスは、もともと国による厳しい規制のなかで限定的な場面においてしか認められてこなかったのをご存知でしょうか。実際、現在の法律でも、「有料の職業紹介事業を行おうとする者は、厚生労働大臣の許可を受けなければならない。」（職業安定法第30条1項）や、「何人も、…労働者供給事業を行い、又はその労働者供給事業を行う者から供給される労働者を自らの指揮命令の下に労働させてはならない。」（同法第44条）とされており、職業紹介事業や労働者供給事業（労働者を他人の指揮命令を受けて労働に従事させる事業）[*1]の規制や禁止をうたっています。そして、これに違反した場合には罰則が定められています。

このように人材サービス事業が国による厳格な規制のもとでしか認められてこなかったのはなぜでしょうか。人材サービスに関する歴史や見方を紐解いていくことで、その答えがみえてきます。

■職業紹介事業のはじまり

(1) 起源は江戸時代まで遡る

日本の職業紹介の起源となったのは、遡ること江戸時代、ある1人の医師だったといわれています。この医師はたいそうな世話好きだったそうで、周囲から婚姻のとりもちや奉公人の

＊1　職業安定法第4条7号で「『労働者供給』とは、供給契約に基づいて労働者を他人の指揮命令を受けて労働に従事させることをいい、労働者派遣事業の適正な運営の確保及び派遣労働者の保護等に関する法律（中略）第二条第一号に規定する労働者派遣に該当するものを含まないものとする。」と規定されているとおり、労働者派遣は、原則として禁止されている労働者供給のカテゴリーのなかで、労働者派遣法により特例的に認められた雇用形態といえます。

あっせんを頼まれることが多く、しまいに本業である医師をやめ、仕事の紹介を事業として始めるようになります。[*2] こうして一人の医師の世話好きがこうじて始まった職業紹介事業は、「時流に乗ってヒットし、これを真似る業者が続出」[*3] します。

当時の江戸で職業紹介事業がヒットした背景には、この時代に臨時的な仕事が増加したことが挙げられます。特徴的なものの1つが「参勤交代」です。参勤交代では多くの人員を必要とするため、参勤交代の最中は臨時的に人員を増やす必要がありました。これに対して、労働力の供給の面でも、江戸には職を求める者がたくさん集まる時代背景がありました。農村で食べていけない次男や三男や娘たちや、関ヶ原の決戦で敗れ仕官の途を求めた浪人たちの存在です。[*4]

このようにして、労働者の需要と供給が互いに生まれたため、手数料をとってこれらをマッチングする職業、すなわち今でいう職業紹介事業の必要性が格段に高まっていったのです。

(2) 江戸末期以降～労働環境の劣悪化によって規制が始まる～

江戸時代末期の1851年（嘉永4年）には、482もの営利的な職業紹介事業者が存在していたといわれています。ちなみに、当時の紹介事業者の多かった地域は、飯田町、麹町、西久保、小石川餌差町などで、飯田町はその代表であったようです。[*5]

もっとも、職業紹介が広まるようになると、次第に紹介手数料や判賃（奉公人の父兄が雇主に提出する奉公人請状に連帯保証人として印判を押して得る料金）を荒稼ぎしようとする業者も現れ、不当な中間搾取などの問題が顕在化するようになります。

そこで、東京府は、１８７２年（明治5年）10月、営利職業紹介を規制する初めての取締法規である雇用請宿規則を公布し、その他の府県にも類似の規則が広がりました。その後、法律面での整備がすすみ、１９２１年（大正10年）に職業紹介法、１９２５年（大正14年）には営利職業紹介事業取締規則が制定されることになります。*6

そして、さらに職業紹介や労働者供給の規制を大きく加速化させたきっかけは、第二次世界大戦終結後のＧＨＱ統治でした。日本の民主化をかかげたＧＨＱの占領政策の下では、中間さ

＊2　中島寧綱『職業安定行政史』（雇用問題研究会、１９８８年）18頁
＊3　濱口桂一郎『日本の労働法政策』（労働政策研究・研修機構、２０１８年）54頁
＊4　前掲注2・19～20頁
＊5　前掲注2・20～21頁。なお、現代の地名に照らすと、飯田町は飯田橋辺り、西久保は虎ノ門辺り、小石川餌差町は小石川辺りになります。
＊6　前掲注3・57頁によれば、この当時、世界に目を向けると、第一次世界大戦終了後ＩＬＯが発足し、１９１９年の第1回会議において、有料・営利の職業紹介所の設立に関する勧告がだされ、これが日本の労働法政策に大きな影響を与えたとされています。

く取や強制労働のおそれのある制度に対する禁止措置が厳しく行われることになりました。[*7] とりわけ、労働者供給に対するＧＨＱの姿勢は厳しく、「ある意味では戦後職業安定法の最大の特徴は労働者供給事業のほぼ全面的な禁止にあると言うこともできる」[*8] との見方もあるほどです。

(3) 近代以降～近代派遣ビジネスの登場と規制の緩急～

①近代的派遣ビジネスの登場

人材サービスに対する厳しい規制が緩和される要因となったのは、人材派遣事業の成長にあるといわれています。１９６６年（昭和41年）、アメリカの人材派遣サービス会社であるマンパワー社が日本で子会社を設立し、日本で派遣サービスを開始しました。[*9] これが日本の労働ニーズにマッチして需要が拡大し、これに追随する形で多くの派遣会社が誕生するようになります。

この需要の拡大に対して次第に派遣を合法化したうえで管理するという考えが主流になってきます。国も見直しを迫られる形で１９８５年（昭和60年）に労働者派遣法が成立し、翌年施行されます。かつて全面禁止だった労働者供給事業が人材派遣という形でついに法律で認められるようになったわけです。既に述べたように、労働者供給の規制はＧＨＱの意図の下に行われたにもかかわらず、アメリカ系企業の進出によりその規制が見直されることになったわけですから、まさに「GHQの指示によって作られた労働者供給事業禁止法制をアメリカ由来の企業が揺るがすという皮肉な展開となった」[*10]わけです。[*11]

②労働者派遣事業への規制緩和の動き

1990年代後半から2000年代にかけて、さらに規制緩和の動きが広がります。[*12]その要因の1つが、日本の低成長期を背景として、直接雇用の人件費（固定費）から派遣活用による変動費に置き換えるニーズが高まったことです。

また、もう1つの要因となったのが、国際的な労働者派遣事業の容認の動きです。ILOは

＊7　前掲注2・192頁
＊8　前掲注3・61頁
＊9　前掲注3・68頁
＊10　前掲注3・68頁
＊11　労働者派遣法の成立当時の内容は、派遣により生じる中間搾取や責任の所在の曖昧さなどの問題を懸念して、派遣の行える業種を13業務に絞って認めるなど非常に限定的な内容となっていました（いわゆるポジティブリスト方式）。
＊12　特に、ポジティブリスト方式からネガティブリスト方式への転換は日本の派遣市場における大きな変革だったといえます。

それまで「民間労働力需給調整システムに対して敵視政策を貫いて」[13]きました。しかしながら、戦後のアメリカで労働者派遣事業が発達しヨーロッパ諸国にも進出して成長を遂げていくと、これを受け入れたうえで、一定の規制により労働者の保護を加えていくという考え方が主流になっていき、こうした動きのなかで、ＩＬＯも厳しい法規制は廃止する方向にシフトします。

③社会問題化を背景として再び規制強化

いったん規制緩和の動きが広がった派遣業ですが、２００８年（平成20年）のリーマンショック以降、規制強化の流れが再燃するようになります。企業が製造業を中心に派遣切りや雇止めを行うようになったため多くの失業者が生まれ、「年越し派遣村」ができるなど大きなニュースになりました。

このような世論の動きをうけて、再び派遣事業は規制強化の方向へ動くようになり、日雇い派遣禁止、離職後1年の人材を派遣として元の職場で働かせることの禁止などが法律で定められることとなりました。

そして、２０２０年（令和2年）には、派遣労働者の待遇改善を目的として、派遣労働者にも通常の労働者と同じ待遇を求める改正法が施行されました。

今日、当たり前とされている人材サービスですが、その歴史を紐解くと江戸の一人の医師から始まり世の中のニーズと規制にされながら発展してきた面白い経緯があることがわかります。

■数字でみる日本の派遣市場

これまでは人材サービスの歴史をみてきましたが、次は日本における派遣市場の現状をみてみたいと思います。

派遣事業の規模を国別に比較していくと、もっとも派遣事業が盛んなのはアメリカですが、日本も世界有数の派遣大国の1つといえます。

World Employment Confederation（世界雇用連合）[*14]の公表している資料で売上上位5か国を順にみていくと、アメリカが1170億ユーロ、続いて日本が540億ユーロ、イギリス350億ユーロ、ドイツ345億ユーロ、フランス210億ユーロという数字です。上記の売上高からもわかるとおりアメリカの派遣市場の規模は他国と比べても群を抜いており、派遣労働に従事している人数においてもアメリカは世界第一位となっています。また、国内の売上高

＊13　前掲注3・78頁

＊14　世界50か国の人材ビジネス業界の団体及び同業界トップ7社（Adecco, Gi Group, Kelly Services, Manpower, Randstad, Recruit, Trenkwalder）から構成されるグローバルレベルの人材ビジネス業界の声を代表する組織（World Employment Confederation（世界雇用連合）ホームページより）

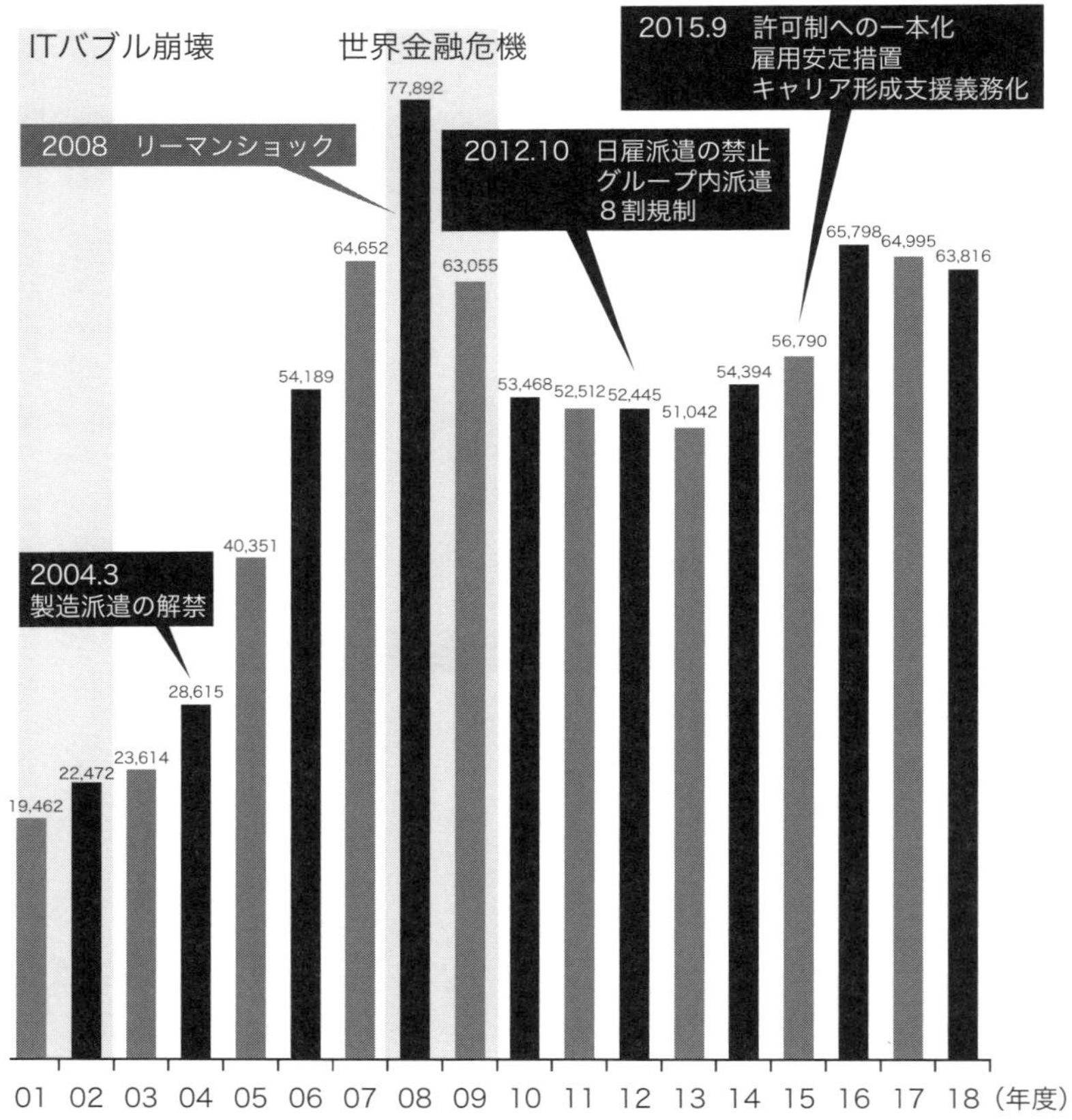
ITバブル崩壊
世界金融危機
2015.9　許可制への一本化
雇用安定措置
キャリア形成支援義務化
77,892
2008　リーマンショック
2012.10　日雇派遣の禁止
グループ内派遣
８割規制
65,798
64,995
63,816
64,652
63,055
56,790
54,189
53,468
52,512
52,445
51,042
54,394
40,351
2004.3
製造派遣の解禁
28,615
23,614
22,472
19,462
01 02 03 04 05 06 07 08 09 10 11 12 13 14 15 16 17 18（年度）

出典：日本人材派遣協会 HP

◎日本の派遣市場における売上高

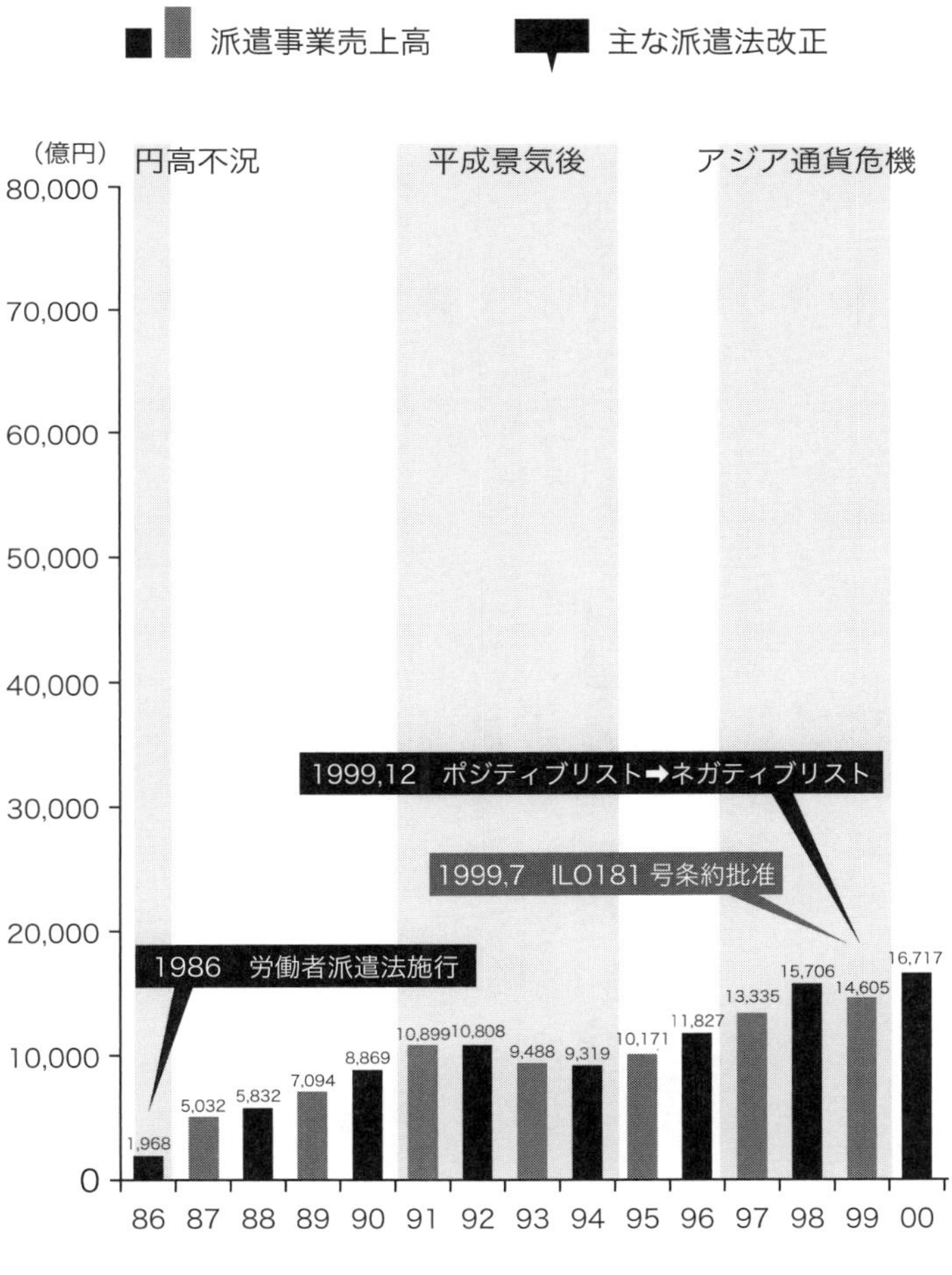
派遣事業売上高
主な派遣法改正
（億円）
円高不況
平成景気後
アジア通貨危機
80,000
70,000
60,000
50,000
40,000
30,000
20,000
10,000
0
1999,12　ポジティブリスト➡ネガティブリスト
1999,7　ILO181 号条約批准
1986　労働者派遣法施行
1,968
5,032
5,832
7,094
8,869
10,899
10,808
9,488
9,319
10,171
11,827
13,335
15,706
14,605
16,717
86 87 88 89 90 91 92 93 94 95 96 97 98 99 00

をみても労働者派遣法施行以降、日本の派遣市場は拡大しています。

もっとも、派遣ビジネスが意外にも薄利多売なものであることをご存知でしょうか。派遣ビジネスの収益源は、中間マージンです。本来は正社員のような直接雇用の場合は雇用主と被雇用者との間で雇用契約を結び、給与は雇用主から被雇用者に対して直接支払われ、被雇用者は雇用主の経済活動のために働き手として活動し収益に貢献します。

一方、派遣の場合は、派遣会社が労働者を派遣先に派遣し、派遣労働者の雇用管理なども含めたサービスの対価として報酬を得る一方で、労働者に対しては派遣先での就業の対価としての給料を支払い、その差額を自分たちの利益として受け取る仕組みとなっています。

一般社団法人日本人材派遣協会が公表している派遣料金の内訳に関する資料によれば、現在の我が国における派遣ビジネスにおいては、派遣料金のうち、平均約70%が派遣社員の給料、残りの約30%を派遣会社が受領するのが主流となっています。ただし、派遣会社は30%分のすべてを収益とできるわけではありません。前述資料によれば、このなかから派遣社員の社会保険料、有給休暇費用分等の諸経費をまかなう必要があり、その結果、派遣会社の営業利益は1・2%程度しか残らないことになっています。[*15]

モデルケースを挙げてみると、派遣社員が月に25万円の給料を受け取っている場合、派遣会社の営業利益は月4000円程にしかならないという現実があります。そのため、派遣ビジネスにおいては、企業からの需要はあるものの、1人当たりの利益率はあまり高くなく、薄利多売なのが実情であるとされています。この問題の本質には、日本の派遣労働の位置付けが、単なる企業のコストカットのための「単純労働」と捉えられる傾向にあるからといえます。派遣労働を単純労働としか位置付けていない現状においては、派遣労働者に付加価値を付けることが難しくなります。

そのため、日本における派遣の収益モデルが薄利多売の性格になってしまっており、結果的に事業者数に比べて収益性が低い状況になっているのだと考えられます。

今後は働き方改革の一環として、同一労働同一賃金に関する法改正により、派遣労働者の待遇向上も是正されることとなるので、日本の派遣労働業界にどのような動きがあるのか着目されます。

＊15　一般的に、派遣社員が有給取得した際には、派遣先企業は派遣会社には有給分の賃金は支払われません。

LABOR LAW 3

「同一労働同一賃金」改革に関する法改正はどのようなものか

■同一労働同一賃金」の大きなポイントは4つ

今般、「同一労働同一賃金」改革に関する法改正として、短時間労働者及び有期雇用労働者の雇用管理の改善等に関する法律（以下「パート・有期労働法」）が成立しました。パート・有期労働法の施行時期は、大企業は2020年（令和2年）4月1日、中小企業は2021年（令和3年）4月1日となっています。

この法改正（「同一労働同一賃金」の導入）は、同一企業・団体等におけるいわゆる正規雇用労働者（無期雇用フルタイム労働者）と非正規雇用労働者（有期雇用労働者、パートタイム労働者、派遣労働者）の間の不合理な待遇差の解消を目指すものとされています（厚生労働者HP・同一労働同一賃金特集ページ）。大きなポイントは、以下の4点です。

①　有期の非正規雇用労働者に対する差別的取扱いの禁止（★均等待遇）の義務化

正規雇用労働者と同視できる有期の非正規雇用労働者には、賃金、賞与などすべての待遇で正規雇用労働者と同様の取扱いをすることが義務となりました。なお、短時間の非正規雇用労働者は、改正前のパートタイム労働法上も「★均等待遇」の適用対象となっていました。

② 不合理な待遇の相違の禁止（=★均衡待遇）に関する判断方法の明確化

法改正前までは、正規雇用労働者に支給されている手当等の非正規雇用労働者への不支給が不合理かどうかをどのように判断するか――すなわち、待遇全体で比較するのか、それとも、個々の待遇ごとに比較するのか――がよくわかりませんでした。

法改正により、個々の待遇ごとに、当該待遇の性質・目的に照らして適切と認められる事情を考慮して判断すること（判断方法）が明確化されました。

法改正のキーとなる「★均等待遇」と「★均衡待遇」について簡単に説明すると、以下のとおりです。

★均等待遇

均等待遇とは、わかりやすい賃金の場合について言えば、「同じであれば、同じ賃金を支払わなければいけない」ということです。「同じであれば」というのは何が同じ場合かというと、㋐職務の内容（業務の内容+責任の程度）及び㋑職務の内容・配置変更の範囲

（人材活用の仕組み）が同じ場合です。

★均衡待遇

これもわかりやすい賃金の場合について言えば、「違いがあるのであれば、違いに応じた賃金を支払わなければならない」ということです。「違いがあるのであれば、違いに応じ」というのは、どういう違いかというと、上記の㋐職務の内容（業務の内容＋責任の程度）、㋑職務の内容・配置変更の範囲（人材活用の仕組み）に㋒その他の事情（※）を加えた3つの要素のうち、個々の待遇について、当該待遇の性質・目的に照らして適切と認められる事情だけを考慮したうえでの違いということになります。

たとえば、介護施設の看護職に支給されるナースコール手当（夜勤のナースコール対応1回につき○○円支給）が問題となる場合、「夜勤のナースコール対応業務への従事の有無」が考慮事情（㋒その他の事情）として考えられます。

（※）㋒その他の事情は、上記㋐及び㋑以外の事情で、個々の状況に合わせてその都度検討されます。行政通達では、職務の成果、能力、経験、合理的な労使の慣行、労使交渉の経緯がその他の事情の例として挙げられています。

③ 待遇に関する説明義務の強化

短時間・有期の非正規雇用労働者から求めがあった場合には、事業者は、当該非正規雇用労働者に対して、正規雇用労働者との間の待遇差の内容及びその理由について説明することが義務化されました。

④ 行政による助言・指導・勧告対象の拡大

短時間・有期雇用労働者について、正規雇用労働者との間の待遇差やその説明について行政による助言・指導・勧告の対象となるようになりました。

■原点は臨時工問題

前述したとおり、今般の「同一労働同一賃金」改革に関する法改正は、いわゆる正社員（無期雇用フルタイム労働者）と有期雇用労働者・短時間労働者との間の待遇格差の是正、また、派遣労働者の待遇改善を内容とするものです。このように、今日では、正規雇用労働者と非正規雇用労働者の待遇格差問題というと、有期雇用労働者、パートタイム労働者、そして派遣労働者に関するものが主として挙げられます。

正規雇用労働者と非正規雇用労働者の待遇格差問題は、臨時工の問題に端を発します。時は、1931年（昭和6年）まで遡ります。この年に勃発した満州事変は、大戦景気をもたらしましたが、臨時工（臨時に短期間雇用される労働者）が、本工（常用として直接雇用される労働者）とまったく変わらない仕事に長期間従事していたにもかかわらず、使用者によって容易に解雇され、賃金など労働条件も本工に比べてとても劣悪でした。このような本工と臨時工の待遇格差が臨時工問題として社会問題となっていたのです。労働法学者の後藤清は、1936年（昭和11年）、「臨時工と解雇手当」（「民商法雑誌第4巻第6号」弘文堂書房発行、1299頁）において、「その本質において臨時工たらざる者は—名稽形式の如何に拘らず—傭入れの嘗初より本工たりし者としての取扱ひを受くべきである」と述べ、臨時工について実態に応じた待遇をするよう求める見解を示しています。

このように臨時工問題が重大な社会問題となっているなか、1933年（昭和8年）9月には、臨時工の解雇に際して、使用者が工場法施行令第27条ノ2所定の予告手当の支払いを拒んだことをきっかけとして、三菱航空機の名古屋製作所において争議が起こりました。そして、1935年（昭和10年）7月には、使用者に対して就業規則所定の解雇手当（退職手当）を臨時工にも支払うことを命じた裁判所の判決[*1]が出されました。裁判所は、就業規則の趣旨が臨時工への退職手当の支給を予定していないとしても、本工と同等の労働に従事していた臨時工はこれに該当せず、本工と同じく退職手当を請求できると判示しました。このように、我が国における正規雇用労働者と非正規雇用労働者の待遇格差問題は、現実には、本工（常用として直接雇用される労働者）とまったく変わらない仕事に長期間従事していたにもかかわらず、使用者によって容易に解雇され、労働条件も本工に比べてとても劣悪であった臨時工（臨時に短期間雇用される労働者）に対し、就業規則所定の解雇手当（退職手当）を支払うよう命じたことからスタートしています。

■非正規雇用者とは？——国際比較の観点から——

そもそも、我が国の非正規雇用者は、国際比較した場合、どのように位置づけられるのでしょうか。

自由な国アメリカでは、雇用形態や労働条件に関する法規制がほとんどなく、そのときどきの労働市場環境から派生し定着した雇用形態が、非正規雇用の事実上のスタンダードとして存在しています。

他方、ヨーロッパでは法規制が重要な役割を担っているという点がアメリカと大きく異なります。もちろんヨーロッパでも国によって様相は異なりますが、非正規雇用形態が法規制の対象となる国が多いです。またヨーロッパでは、日本、アメリカにない概念として、「職業訓練生」と「雇用政策上の雇用」という非正規雇用のカテゴリー（呼称）が存在します。ヨーロッパは、相対的にみて、制度・政策によって非正規雇用のカテゴリーが明確化されているという点に特徴があります。

日本については、周知のとおり、「パートタイマー、アルバイト」というカテゴリーに位置し、しかしながら労働時間が「フルタイム」と同じという、欧米からみると理解しにくい非正規雇

＊1　大阪区裁判所判決昭和10年7月24日・法律新聞3884号特報

用（擬似パートなど）があります。また、日本の派遣労働には、いわゆる「常用型」という制度的区分があり、「登録型」に対して典型雇用に限りなく近いカテゴリーもあります（欧米では派遣労働は一般的に数か月程度の短期の就業形態です）。

反対に日本、アメリカ、ヨーロッパの共通点は、法規制の有無や内容を問わないとすれば、後述するとおり、パートタイム、派遣労働、有期雇用、請負企業の労働、自営業、在宅就労の存在にあります。これらの雇用形態は、多かれ少なかれ「労働市場の環境変化」が生み出したものであり、その意味では、日本、アメリカ、ヨーロッパの非典型雇用の概念は、共通部分が大きいと考えることも可能です。日本の擬似パートを除けば、パートタイム労働者は原則として正規雇用よりも労働時間が短いという共通概念で構成されています。派遣労働は、労働者、派遣元、派遣先という三者関係であるという意味で共通しています。請負企業の労働者も、実際の勤務先とは雇用関係がないという意味で共通しています。有期雇用も用語としては複数ありますが、雇用契約の期間が定められているという意味で、共通の形態であります。さらに、自営業者またはフリーランス及び在宅就労も各国共通に存在します。そのほか、アメリカ・ヨーロッパの「呼び出し労働者」は、日本では表面化していませんが、「登録型」派遣の場合に性質が似ています。

■欧米で同一労働同一賃金の考えが導入された歴史

ここで、ヨーロッパ・アメリカにおいて同一労働同一賃金の考えが導入された歴史についてみたいと思います。

ヨーロッパでの「同一労働同一賃金」制度の歴史は古く、1919年のヴェルサイユ条約（第一次世界大戦における連合国とドイツの間で締結された講和条約）での、「同一価値の労働に対しては男女同額の報酬を受けるべき原則」（第13編第2款第427条）から始まったといわれています。

第二次世界大戦後の1951年には「ILO100号条約（日本は1967年批准）」で、「同一価値の労働に対して男女労働者に同一の報酬に関する条約」を採択しています。

1958年には、「ILO111号条約」で「雇用及び職業についての差別待遇に関する条約」を採択し、就労の現場での処遇の平等性を謡ってきました。

「EU指令（1997年EUパートタイム労働指令、1999年EU有期労働指令、2008年EU派遣労働指令）」において、雇用形態における「均等待遇原則」が策定され、非正規労働者の処遇改善の観点から、賃金を含むあらゆる労働条件について、雇用形態を理由とする不利益取扱いを禁止するとされています。

EU指令は現在、各国に適応しており、**見習いの訓練生においても法定福利、社員食堂の利用などの福利厚生の利用や支給、契約社員やパートタイム労働者にも、在籍条件に応じて各種手当やストックオプションや賞与、交通費、退職金などの面で、通常の社員と同程度の待遇が**

約束されているのが一般的です。

一方、アメリカでは、移民など多民族で形成されてきた国家であることが歴史的背景としてあります。

人種や女性、年齢などに対する差別を禁止する「雇用平等法制」が発達している点で、「同一労働同一賃金」の観点が活用されてきました。

ただし、雇用形態を超えた均等処遇については法制化はなされていません。アメリカ社会に「市場における公正な競争」や「契約の自由」を重んじる特徴があることに起因しているといわれています。

１９８０年代以降、**男女賃金格差是正を求める「ペイ・エクイティ運動」が活発化し、職務賃金が確立され、同様の仕事をしながら賃金に大きな差が生じる事象は減少**しています。

■欧米の労働市場の特徴

ここで、欧米の労働市場の特徴についてみていきます。

昭和女子大学副学長の八代尚宏氏は、「同一労働同一賃金」が広く浸透する欧米・欧州の労働市場には日本とは異なる４つの特徴があると、外資系人材サービス企業アデコグループでのインタビューで解説しています。

◎欧米の労働市場における四つの特徴

1	職種別労働市場	欧米の労働市場は、主として個々の職務ごとに賃金が定められた「職種別労働市場」であり、同一の職種に対する賃金相場が企業横断的に形成されている。
2	職種別労働組合	労働組合も職種別に存在し、どの企業で働く場合でも、同一職種に対して同水準の賃金を支払うように企業に求める仕組みができている。
3	明確な職務内容と、職務給	個人が職場でどのような仕事をするかは、ジョブディスクリプション（職務記述書）によって内容や責任範囲が明確に定められている。正社員・非正社員ともに、その明確な仕事に対して賃金を支払う「職務給」のため、不合理な賃金格差が生じにくい。
4	基本給主体のシンプルな賃金体系	配偶者手当や通勤手当、住宅手当といった、ライフスタイルの違いに基づく手当は基本的にない。基本給が主体のシンプルな賃金体系である。

出典：アデコグループ「海外事例から見る『同一労働同一賃金』の可能性」

八代氏は、**基本的に「職務」に対する報酬や責務が明確で、曖昧な条件がほぼないところが日本との大きな差**だと言われています。

また、日本経団連が「同一労働同一賃金の実現に向けて」として公表した資料のなかでも、「同一労働同一賃金」制度の在り方や課題について、日本と欧州との違いがわかりやすく比較されています（次頁図を参照）。

欧米の同一労働同一賃金の現状

EU諸国で「**同一労働同一賃金**」への取り組みが進んだ背景には、**職種と役割に応じた賃金制度が、全国レベルの産業別の労働協約によって整備されていたこと**などが挙げられます。

近年、先進的な取り組みを推進してきたEU諸国で新しい働き方の動きがみられています。

「**長期キャリアによる雇用制度の導入**」です。

◎日欧の賃金制度、雇用慣行、法制度の比較

	欧州（ドイツ、フランス）	日本
賃金制度	◎産業別労使関係が基本 ◎産業別労働協約で職種・技能グレードに応じた賃金率を決定。正規従業員・非正規従業員を問わず適用	◎企業内労使関係が基本 ◎企業によって賃金制度の内容は多様
雇用慣行	◎採用は、ポストが空いた時に経験者・有資格者を対象に行われ、職務限定契約を 締結 ◎多くの場合、キャリアルートは特定職務内に限定	◎新卒・実務未経験者の採用が主流。低い若年層の失業率に大きく貢献 ◎ローテーションにより、様々な職務を経験させてキャリアアップを促す社内人材育成システムが確立
法制度	◎非正規従業員の労働条件を比較可能な正規従業員よりも不利に取り扱うことを禁止。この原則に反して、労働条件を相違させる場合、企業に合理性立証を求める（合理性要件）	◎多様な賃金制度を前提に正規従業員と非正規従業員の不合理な労働条件の相違を禁止（労働契約法第 20 条、パート法 8 条）。不合理か否かは職務内容等の様々 な事情を総合判断（不合理性要件）

同一労働同一賃金の実現に向けた検討に当たっては、雇用慣行を含む経済社会基盤との整合性を考慮し、わが国に適した仕組みの構築が重要となる。

出典：一般社団法人 日本経済団体連合会「同一労働同一賃金の実現に向けて《概要》」（2016 年 7 月 19 日）より

（注）「働き方改革を推進するための関係法律の整備に関する法律」が2018年6月29日に成立し、「短時間労働者の雇用管理の改善等に関する法律（パート法）」は「短時間労働者及び有期雇用労働者の雇用管理の改善等に関する法律（パート・有期労働法）」に名称が変更され、短時間労働者のみならず、有期雇用労働者に関する規律についても統合されることになりました。それまで、有期雇用労働者の不合理な待遇差については、労働契約法 20 条により規定されていましたが、パート・有期労働法改正に伴い、同条は削除されることになりました。

たとえば、**フランスでは、数年前から、長期キャリアによる雇用制度を実現するため、企業の中で労使交渉が実施されています。同じ職務であっても、長期キャリアコースの場合は年次が進むと賃金カーブが上昇するという労働協約を締結する、という事例もあります。**

フランスの事例については、「同一労働同一賃金」の例外として許容されるという判決がすでに出ています。

企業間・グローバルで競争が激しくなる現在のような時代において、企業内でキャリアと経験を積み、培った能力を最大限に発揮してもらいたいという、いわゆる〝日本的な雇用の考え方〟も、一部でみられるようになっています。

ＥＵ諸国のなかでも、特にオランダやデンマークなどが「同一労働同一賃金」の成功事例として取り上げられることが多いです。

成功要因の１つは国の規模にあるともいわれています。規模がコンパクトなため、公労使の同意後にその制度を現場でスムーズに運用しやすいのです。

最近の米国の動きでいうと、マサチューセッツ州で、２０１８年７月から施行された「平等賃金制定法（An Act to Establish Pay Equity）」が州の法律として２０１９年に調印されたことが挙げられます。

平等賃金制定法では、**マサチューセッツ州の雇用主に対して、性別に関係なく「同等の仕事」には同一賃金を支払う義務を課しています。**また、**雇用主が採用候補者の賃金について質問す**

ることを禁じています。マサチューセッツ州は女性団体を中心として、賃金の平等を求める動きが活発に行われてきた地域です。

アメリカではカリフォルニア州やニューヨーク州などで、「同一労働同一賃金」に関連した法律が施行されていますが、同様の法律を施行しようとする動きが全般的にみられます。前述したマサチューセッツ州の平等賃金制定法などには、賃金の平等を求める考えが色濃く反映されています。

日本では特に、同一労働同一賃金における問題のポイントが契約期間の定めや就労時間という「就業形態間の差異」にありますが、アメリカでは「男女間の賃金の差異」が問題視され続けています。

たとえば、白人男性労働者の賃金を１００とした場合、フルタイムで働く女性の全国平均賃金は約80％です。マイノリティ層の女性の平均賃金はさらに低いというのが実態です。

アメリカでは50年以上前から「平等賃金法」が施行されていて、同一労働に対する男女の賃金差別は法的に禁止されています。しかしながら、賠償規定などの点で多くの法的不備があると指摘され、実効性はあまりないと言われてきました。この点を問題視して、アメリカの議会では、「平等賃金法」の実効性を強化する狙いで「賃金公正法」の制定を検討してきました。「賃金公正法」では、賃金格差は性別ではなく、業務内容の違いなどにより生じていることを雇用主に証明させることや、賃金を公にした従業員を雇用主が処罰しないことなどを明記しています。

もっとも、アメリカでは、法律が訴訟を誘発する恐れなどの逆のリスクも危惧されており、法律案の起案とその却下を繰り返しているのが実情です。

LABOR LAW 4

日本の高齢者雇用

日本では高齢化が進んでおり、高齢者の雇用の安定と促進を図ることが重要な政策課題となっています。本項では、日本の高齢者雇用の特徴と法政策についてみていきます。

定年制

日本の雇用制度の大きな特徴として、定年制があります。定年制とは、労働者が一定の年齢に到達することにより労働契約を終了させる制度のことをいいます。

いまの日本では定年制は当たり前のことのように思われています。しかし、後述するようにアメリカやEUでは年齢差別であるとして定年制を原則として認めていません。日本においても、定年制が法的に有効であるか（定年制を定める就業規則は合理的といえるか）が議論されています。労働者が一定の年齢（たとえば60歳）になったからといって働く能力が一様に減退するわけではありません。それにもかかわらず、一定の年齢に到達したとの事由のみをもって労働契約を終了させるのは合理性を欠くのではないかと思われるためです。

最高裁判所判決（秋北バス事件、最高裁昭和43年12月25日判決）は、就業規則によって定年制を定めた事案において、「停年制は、（中略）人事の刷新・経営の改善等、企業の組織および運営の適正化のために行なわれるものであって、一般的にいって、不合理な制度ということはでき〔ない〕」として、定年制の定めを有効と判断しています。使用者側においては「人事の刷新・経営の改善等、企業の組織および運営の適正化」のために定年制を導入する必要性があります。他方で、後述するとおり、現行の高年齢者雇用安定法（法律）は定年制を承認しつつ高齢者の雇用保障を図ろうとしており、労働者側の不利益への配慮もされています。これらをあわせて考慮し、定年制を合理的（有効）とする考えが日本では定着しています。

■高年齢者雇用安定法

高年齢者の雇用確保の促進等を目的として制定された高年齢者雇用安定法（以下、「高年法」といいます）は、現在、定年を定める場合には60歳以上とし、60歳を超えて65歳までの雇用確保措置を講じるように事業主に義務づけるなどしています。[*1] 高年法は、高年齢者の雇用を促進

＊1　少子高齢化が急速に進展し人口が減少する中で、高年齢者が活躍できる環境の整備を目的として、高年齢者雇用安定法の一部が改正され、令和3年4月1日から、事業主として定年を70歳までに引き上げる等の高年齢者就業確保措置を講じるように努めなければならない努力義務が設けられました。

する諸政策を定めています。

（1）高齢者雇用対策は欧米ではどうなっているか

日本の高齢者雇用の特徴と法政策は上述のとおりです。では諸外国ではどうなっているのでしょうか。本項では、欧米各国が高齢者の差別禁止のためどのような法制をとっているのか、高齢者の退職に大きく関与する定年制及び解雇法制における高齢者の取扱いはどうなっているのかについて、順を追って確認していきます。

①年齢に関する法規則について

事業主が労働者を募集、採用、解雇等する際に高齢者を年齢により差別しないように促すことは、高齢者の就業促進のため重要です。

〈年齢差別を禁止する法律について〉

アメリカは、1967年という他の国よりかなり早い段階で年齢を理由とした募集、採用、解雇、賃金、労働条件などの差別を禁止する「雇用における年齢差別禁止法（ADEA）」を制定しています。この法律は40歳以上という中高齢者のみの差別を禁止している点が特徴です。

一方、イギリス、ドイツ及びフランスについては、年齢、障害等に係る雇用・職業に関する一切の差別の原則禁止を加盟国に求めるＥＵ指令（一般雇用機会均等指令）が２０００年12月に施行されたため、各国とも国内法制化に取り組み、法制化期限となっていた２００６年末までに国内法令を施行しています。ＥＵの一般雇用機会均等指令は年齢要件を中心に定年制など多くの例外規定が定められており、イギリス、ドイツ及びフランスの国内法令もそれにならっています。

〈定年に関する法制度について〉

定年制は、労働者が一定年齢（定年年齢）に達することにより、労働契約を終了（労働者が退職）する制度です。

日本では、前述したとおり、新卒で正社員として採用された社員は定年まで会社で働くという長期雇用慣行を前提とした定年制が定着しています。

ところで、定年制は、労働者の就労意思や就労能力にかかわらず退職させる点で、継続して働くことを希望する高齢労働者に対する年齢差別と捉えることができます。一方で、日本のように解雇規制が強い国々では、少なくとも定年年齢までは雇用が維持され、その後、定年年齢到達という客観的な事実により労働契約が終了するため、労働者は定年後の人生計画が、企業は人事計画が立てやすいという面があります。

◎各国の定年に関する法制度

	アメリカ	イギリス	ドイツ	フランス
定年制可否	原則不可	可能		
設定可能な定年年齢		65 歳以上		
例外（上記以外で認められる定年制）	(1) 特定の業務（パイロットなど）の正常な遂行のため合理的に必要とされる定年制。 (2) 高級管理職で一定額以上の退職給付(年金)を受給できる者に対する 65 歳以上定年制。	65 歳未満の定年制も一定要件下では可。	65 歳未満の定年制も一定要件下では可。	年金の満額受給権があり、労働協約等に定めがある場合は 60 歳以上 65 歳未満の定年制も可。

◎高齢者の解雇に対する特別な保護等及びその動き

アメリカ	▶先任権制度 労働協約において勤続年数の長い者はレイオフ（一時的解雇）やリコール(再雇用)等の際に優先的に処遇される権利を定めている場合が多い。
イギリス	▶高齢者に対する雇用保護制度の付与（適用除外措置の廃止） 従来は、65 歳以上の者について、(1) 不公正に解雇されない権利及び (2) 余剰人員整理解雇手当の請求権の適用が除外されていたが、2006 年雇用均等（年齢）規則の施行に伴い、この年齢制限が撤廃された。 ▶ 65 歳以上の者の就労請求権 労働者は、65 歳を超えて就労を請求する権利を有しており、使用者はそれを考慮する義務がある。
ドイツ	▶解雇制限法による高齢者の解雇保護 不当解雇された労働者が、元の条件で職場復帰できない場合、和解金が支払われる。対象者が、50 歳以上の場合、和解金が上乗せされる。
フランス	▶整理解雇時における高齢者等への配慮義務 企業が経済的な理由による解雇（整理解雇）を行う際に定めなければならない解雇の順番の基準において、高齢者等の状況を特に考慮しなければならない。

諸外国では、イギリス、ドイツ及びフランスは定年制を認めているのに対し、アメリカは原則として定年制を認めていません。

また、設定可能な定年年齢については、上述したいずれの国も65歳以上と年金の支給開始年齢を意識したものとなっています（前頁の上表を参照）。

■高齢者の解雇に対する特別な保護について

高齢者に対して、一般の労働者より解雇要件を厳しくし、特別に保護した場合、既に雇われている高齢労働者の雇用が維持されやすくなります。

その反面、事業主が労働者を新たに雇い入れる際、解雇が容易にできないことから高齢者の採用を敬遠する可能性も否定できません。

アメリカは、随意雇用の原則（Employment at will）に基づき、使用者がいついかなる理由でも労働者を解雇できる国です。ただし、高齢者に関しては前述した年齢差別禁止法により、年齢を理由とした解雇から手厚く保護されています。アメリカは、とにかく「差別」に厳しい国です。さらに、長期勤続者を優遇する先任権制度（労働協約において勤続年数の長い者はレイオフ（一時的解雇）やリコール（再雇用）等の際に優先的に処遇される権利を定めている場合が多い）があり、高齢者に対し有利に働くことが多いです。このような環境下にあって、アメリカの55～64歳の就業率は既に比較的高い水準にあります。

■まとめ

以上をお読みいただければ、現在の日本では、当たり前のように思われている定年制が当たり前の制度ではないことがおわかりいただけると思います。

アメリカやEUでは年齢差別であるとして定年制を原則として認めていませんし、欧米諸国は、高齢者の解雇保護を一般の労働者より手厚いものとしています。

前述のとおり、日本の現行法では、定年制そのものが直ちに不合理で無効となるとはいえません。もっとも、欧米諸国の動向や国際的な差別禁止に対する意識の高まりなどを考慮しますと、日本においても、定年年齢到達により労働者の希望や能力の有無にかかわらず労働契約を終了させる取扱いや、人員整理（整理解雇）の際に能力等を考慮せずに年齢そのものを基準とすることは合理性を欠き違法と評価される可能性があると考えられます。

LABOR
LAW

第**4**章

労働時間と有給休暇

第4章　サマリー

人が生き、社会が発展するためには、労働という生産活動は必須の要素といえます。それゆえ、多くの国において労働は国民の義務として定められています。日本でも、国家の根本法である憲法において国民の三大義務として、教育の義務と納税の義務とともに、勤労の義務が定められています。

とはいっても、働きすぎもよくありません。働きすぎて睡眠時間が少なくなれば健康を害してしまいます。また、働きすぎて家族や恋人、友人と過ごす時間がなくなる、あるいは、1人で趣味に没頭する時間がなくなれば、何のために働いているのか意味を見失ってしまうこともあると思います。適度な労働、適度な睡眠、適度な遊びによって人の豊かな生活は作られますし、このようなバランスのとれた生活を送ることができるからこそ労働は持続可能なものとなり社会が発展することができるのです。

このように労働と休息は表裏一体のものであり、生活の両輪ともいえます。どちらが多すぎても少なすぎてもうまくいきません。しかし、一見して明快単純な構造であるにもかかわらず、長年の労働の歴史をみても完全には実現できていないのが実情です。労働者には常に使用者がおり、使用者は労働者を働かせることで利益を得るからです。歴史を振り返れば、労働をさせようとする使用者に対して、労働時間の規制や休息を求めて労働者が立ち向かい法律が作られてきたことがわかります。

　本章では、労働「時間」にスポットライトを当て、労働時間の概念を紐解いたうえで、現代における労働時間の規制や休息がどのように形作られてきたのかをみていきたいと思います。

●「労働時間」とは何か
●労働時間は、なぜ1日8時間、週40時間なのか
●年次有給休暇制度の起源と発展

LABOR LAW 1

「労働時間」とは何か

■労働時間か否かを考えることの意味

そもそも、労働時間とはどのような概念でしょうか。

実は法律は、労働時間がどのような時間を指すかについて規定していません。そのため、これまで裁判例や学者たちの間ではさまざまな考え方が示されてきました。

労働時間が実務上問題になるケース（言い換えれば、どのような時間が労働時間にあたるか考える実益があるケースともいえます）としては、賃金や残業代の支払いに関するものが圧倒的に多いといえます。もっとも、それ以外にも、たとえば、最近ニュースなどで取りざたされている過労死や過労による精神疾患についても、作業を行っていた時間が法的にみて労働時間に該当するか（労働時間に該当するのであれば、業務を原因として発生したものということになります）といった問題も起こりえます。

実際に就業時間中にオフィスで仕事を行っていた時間などが労働時間にあたることは、誰の目にも明らかかと思います。では、ここには出張先への移動時間などは含まれるのでしょうか。着替えや朝礼の時間は？　取引先との会食や接待ゴルフの時間は？

本項では、どのような時間が労働時間にあたるかについてみていきたいと思います。

■あいまいな労働と休憩の境界線――え、これって労働時間？――

（1）労働時間は「指揮命令下にあるかどうか」で判断される

労基法上の労働時間については、最高裁（三菱重工業長崎造船所事件、最判平成12年3月9日）により、「労働時間に該当するか否かは、労働者の行為が使用者の指揮命令下に置かれたものと評価することができるか否かにより客観的に定まる」という考え方が示され、これが今日の確立した判断基準となっています。最高裁が示したこの基準は、その後の労働時間の考え方の根幹となっていきます。

しかしながら、世の中にはさまざまな形態の職種があり、働き方も1人ひとり異なりますし、その時々に応じて業務中の具体的な行動も刻々と変化していきます。上記の判断基準は非常に抽象的であるがゆえ、必ずしもすべての場面において明確に適用できるわけではありません。そのため、労働か休憩かの境界があいまいなケースについて、これまで多くの紛争が生じてきました。

本項では、実務上問題となりやすいケースについて、いくつか事例を挙げたいと思います。

1 始業前の準備時間、朝礼時間

会社によっては、女性社員に制服の着用を義務付けており、始業前にはきちんと着替えていることを求めているところもあると思います。また、業務の開始前に連絡事項を伝えるなどのために朝礼時間を設けている会社もあるでしょう。

これらの時間は、本来の業務からはやや離れているようにもみえますが、労働時間にあたるのでしょうか。以下のケースをモデルに考えてみたいと思います。

【事例】

①Aさんの会社では、すべての女性社員に対して、業務時間中の制服着用が義務付けられている。そのため、会社の所定始業時刻は午前9時だが、女性社員はみな所定始業時刻より30分早く出勤して、制服への着替えを済ませておかなければならない。

②また、制服の着替えが終わると、男性社員も含め社員全員が集められて、営業時間が始まるまでの間、その日のスケジュールや目標を確認する朝礼が行われている。もしこのときに出勤していない場合には、チェックされて遅刻の扱いとなる。

このような所定始業時間前における、①着替えや②朝礼の時間は、労働時間にあたるだろうか。

①の事例では、着替えの時間が労働時間にあたるかという問題が生じています。

このような着替え時間の労働時間性については、先ほど挙げた裁判例（三菱重工業長崎造船所事件）でも取り上げられています。この裁判例のなかでは、入退場門から更衣所までの移動時間や、作業後の入浴時間などさまざまな場面の労働時間性が争われ、その1つとして、更衣室での作業着への着替えの労働時間性も争われました。

この点について裁判例は、「業務の準備行為等を事業所内において行うことを使用者から義務付けられ、又はこれを余儀なくされたときは、当該行為を所定労働時間外において行うものとされている場合であっても、当該行為は、特段の事情のない限り、使用者の指揮命令下に置かれたものと評価することができ」るとしたうえで、「実作業に当たり、作業服及び保護具等の装着を義務付けられ、また、右装着を事業所内の所定の更衣所等において行うものとされていたというのであるから、右装着及び更衣所等から準備体操場までの移動は、上告人（筆者注：会社のこと）の指揮命令下に置かれたものと評価することができる。…さらに、被上告人ら（筆者注：労働者のこと）は、実作業の終了後も、更衣所等において作業服及び保護具等の脱離等を終えるまでは、いまだ上告人の指揮命令下に置かれているものと評価することができる。」と判示し、労働時間の該当性を認めています。

今回のAさんの場合も、就業時間中には制服の着用を義務付けられておりますし、制服の着脱場所は更衣室と定められているので、上記の判断に沿って考えると、基本的には着替えの時間は労働時間と評価される可能性が高いといえます。もっとも、着替えの場所などが特に予定されておらず、予め家に置いておき、スーツのように家で着替えて通勤することも許容されている場合には、着替えの時間の労働時間性は否定される可能性が高まるかもしれません。

②の事例では、朝礼の労働時間性が問題となります。この場合も、ベースとなる考え方は、①のケースで示した裁判例と同様です。

たとえば、就業規則等の会社規程により明確に参加が指示されている場合や明確な参加の指示がなくても、不参加の場合には査定や賃金において不利益がある場合には、使用者による義務付けがある、又は参加を余儀なくされているといえますので、労働時間にあたると考えられます。そうすると、②の事例は労働時間にあたる可能性が高いでしょう。

始業前の朝礼は、社員間での伝達事項の確認などの役割を担っていることが多く、会社からの明示の参加指示がなかったとしても、特別な事情でもない限りは参加することが当たり前になっている会社が多いのが実情かと思います。そうすると、朝礼の労働時間性はよほどのことがない限りは、労働時間として認められるでしょう。

2 取引先との会食や接待ゴルフの時間

企業同士の付き合いでは、業務上のやり取りのみならず、交流を目的としてあるいは取引先担当者をもてなすために会食やゴルフが催されることがあります。このような催しへの参加は、一見すると本来の業務とは離れてはいますが、他面では営業ツールとしての役割も否定できないでしょう。

取引先との会食や接待ゴルフの時間は、労働時間にあたるのでしょうか。以下のケースをモデルに考えてみたいと思います。

> **【事例】**
>
> Bさんは若手の営業マンであり、社内でトップの営業成績をとることを目指し日々業務に励んでいる。そんなBさんは、業務時間外で催されている取引先との会食やゴルフにも積極的に参加しており、勤めている会社もそのようなイベントへの参加を社員に対して奨励している。イベントは懇親を主目的として行われるものが多く、その場で商談などの話がでることもほとんどない。Bさんがこれらのイベントに参加している時間は労働時間にあたるだろうか。

取引先との会食や接待ゴルフの時間については、原則として労働時間にあたらない場合が多いといえるでしょう。

なぜなら、こういったイベントについては、取引先との親睦を深めることが目的とされていることが多く、こういった目的の範囲内である限りは使用者の指揮命令下に置かれていると評価することは難しいからです。

この点、労基法上の労働時間を直接判断したものではありませんが、取引先とのゴルフコンペへの参加途中での事故が業務上災害にあたるかが争われた裁判例があります（前橋地方裁判所昭和50年6月24日・高崎労基署事件）。この裁判例では、「親睦目的の会合ではあっても、右会への出席が業務の追行と認められる場合もあることを否定できない」としつつも、「しかし、そのためには、右出席が、単に事業主の通常の命令によってなされ、あるいは出席費用が、事業主より、出張旅費として支払われる等の事情があるのみではたりず、右出席が、事業運営上緊要なものと認められ、かつ事業主の積極的特命によってなされたと認められるものでなければならないと解すべき」と判示して、結論において業務上災害の該当性を否定しています。

もっとも、取引先との会食や接待ゴルフにも様々な目的があり、一概にすべてのケースにおいて労働時間性が否定されるわけではない点には注意が必要です。労働時間になりうるケースを類型化すれば、①労働契約上の主要な業務との関連性が強いケース、②参加を義務付けられているケース、③具体的な指揮命令があったといえるケースなどが挙げられます。たとえば、①では、イベントの時間中にもっぱら商談の話し合いが行われている場合などが該当するでしょう。また、②では、会社から具体的な出席を義務付けられている場合はもちろんのこと、参加しないと評価においてマイナスに扱われたりするケースも黙示的な参加への義務付けがあると評価される可能性が高いです。③では、上司がともに参加した場合にその上司からイベント中の接客について具体的な指示を受けているケースも労働時間と認定される可能性は高まるでしょう。

今回のBさんのケースについても、イベントは取引先との懇親が主目的であり、またその参加も奨励されている程度であれば、イベントへの参加時間は原則として労働時間と扱う必要はないでしょう。

③ 出張での移動時間

出張に移動はつきものですが、純粋に「移動する」ことだけに着目すれば、それは本来予定された業務ではないといえます。あくまで移動時間は、移動先で仕事をするための準備時間のようなものです。一方で、労働者は「業務のため」に時間を費やして移動します。本来その仕事がなければ自由に使えたはずの時間を、移動に使っているのです。

このような移動時間の問題について、次頁のようなケースを考えてみたいと思います。

【事例】

ある日、東京本社で働くCさんは、翌週の月曜日から水曜日まで、2泊3日での福岡支社への出張を命じられた。

自宅から直行は認められているが、福岡支社での月曜日午前10時開始のミーティングに間に合うためには、午前5時には自宅を出発しなければならない。普段の勤務であれば朝8時過ぎに家を出ればよいのに、福岡支社への移動時間が長いおかげで、いつもより自宅を早く出なくてはいけない。

このような場合、自宅から福岡支社への行き帰りの移動時間は、労働時間にあたるだろうか。

Cさんは、会社に命じられた出張のために移動するわけです。しかも、たとえ会議の開始時間が所定始業時刻だったとしても、移動の時間を勘案して自宅を出発する時間を早くする必要がありますし、出張先での業務終了時間が所定終業時刻だったとしても、自宅に帰ってくるのはいつもよりも遅い時間になるでしょう。自分のプライベートな時間が、業務のために奪われてしまうことからすれば、移動時間も労働時間にあたると考えていいように思います。先ほど述べたように、労基法上の労働時間にあたるかどうかは、指揮命令下に置かれている時間かという観点で判断されます。したがって、この観点でいえば、基本的に飛行機や電車の中では、本や新聞を読んだり私的なメールやネットサーフィンをしたりといった自由な行動が可能なため、指揮命令下に置かれた時間とは通常いえないと考えられます。そのため、原則として労働時間にはあたりません。

ただ、上司と同行して、移動中に出張先の業務についてミーティングなどをすることもあるかと思います。また、いまはネットワーク社会なので、仕事の依頼がメールで来ることもあります。急ぎの案件で緊急対応が必要な場合には、電車の中で業務をせざるをえないときもあります。移動時間中であっても、その実態に照らしてみると指揮命令下に置かれていたと評価され、労働時間にあたる可能性があります。

4 仮眠時間

警備会社などで働く従業員の場合、深夜の時間に長時間拘束されるケースも多々あります。このような働き方の場合には、体に負担がかからないよう、業務時間の途中に仮眠時間がとられていることが一般的です。

警備をすることが本来の業務であれば、仮眠時間は休むための時間であり、労働時間にはあたらないように思います。では、次頁のようなケースではどうでしょう？

【事例】

Dさんが働く警備会社では、施設警備や工事現場の警備などを中心として、基本的には24時間警備のサービスを提供している。従業員は、泊まり勤務となることもあり、そのときは仮眠時間が与えられていた。

警備は2名体制をとっており、一方の仮眠時間中は、他方が1名で警備にあたる。もっとも、仮眠時間中であっても、1名の警備のみでは足りず、かなりの頻度で仮眠時間中の者が対応に駆り出されることもあり、ほとんど仮眠がとれない日もある。

このような状況の場合、仮眠時間は労働時間にあたるだろうか。

仮眠時間中の労働時間性が争われた有名な裁判例に、最高裁平成14年2月28日判決（大星ビル管理事件）があります。裁判例では、この点について次のように判断されています。

「不活動仮眠時間において、労働者が実作業に従事していないというだけでは、使用者の指揮命令下から離脱しているということはできず、当該時間に労働者が労働から離れることを保障されていて初めて、労働者が使用者の指揮命令下に置かれていないものと評価することができる。

したがって、不活動仮眠時間であっても労働からの解放が保障されていない場合には労基法上の労働時間に当たるというべきである。そして、当該時間において労働契約上の役務の提供が義務付けられていると評価される場合には、労働からの解放が保障されているとはいえず、労働者は使用者の指揮命令下に置かれているというのが相当である。」

仮眠時間中に労働から完全に解放されていないのであれば、仮眠時間は労働時間になります。労働から完全に解放されているかについては、①業務遂行についての義務付けがあるか（仮眠中に呼び出しがあれば、すぐに現場に戻らなければならないように指示されていたか）、②場所的拘束性があったか（仮眠時間とされていた時間に、会社の外に出て自由に過ごすことができたか）、③対応の頻度（仮眠時間中の呼び出しが多いか少ないか）といった事実をもとに判断されます。

以上の考え方から言えば、警備体制も2名と少数であり、仮眠時間中であっても、かなりの頻度で対応に駆り出されることもあり、ほとんど仮眠がとれない日もあるといった本件の状況では、労働時間にあたる可能性はきわめて高いといえます。

■労働時間かどうかを考えるにあたって

ここまでみてきたように、労働時間については、概念自体が非常にあいまいなものですし、また、当該時間が労働時間に該当するかは、その場面ごとの個別具体的な事情を踏まえて判断しなければなりません。そのために、労働法のなかでも非常に争いになりやすいポイントでもあります。とはいえ、「指揮命令下に置かれているか」という基準は、非常に広く解釈される性質のものです。誤解を恐れずにいってしまえば、労働時間性の争いについて、裁判所は、あまり「労働の密度」「労働の強弱」というものを重視していません。

たとえば、休憩時間中に、ある従業員が1人で机に座ってスマホでゲームをしていたとしましょう。その部屋には電話が置かれており、その従業員は電話が鳴ったら応対するように指示されていたとすれば、たとえゲームをしていたとしても「その場を離れられないから場所的な拘束性がある→完全に労働から解放されていない→使用者の指揮命令下にある」という判断になりえます。そして、労働時間と認められれば、他の就労時間と同じように賃金が発生することになるのです。みなさんのなかには、就業時間中に書類を作成したり、プレゼンをしている時間と、ゲームをしている時間で同じ賃金が発生するなんておかしいと感じる方もいるかもしれません。しかし、基本的には、「労働の密度」「労働の強弱」というものは賃金には反映されないので、このような結論になりえるのです（もちろん、休憩時間外にゲームをしていたら、それは職務怠慢として、注意指導や懲戒の対象にはなりますが、それはまた別の問題です）。

労働時間かどうかを考えるときに、常識的な感覚と法的な判断とでは結論がまったく異なることがあるということを、本項を通じてご理解いただければと思います。

LABOR LAW 2

労働時間は、なぜ1日8時間、週40時間なのか

働く人たちにとって、いまや当たり前になっているルールは数多くあります。その1つが、労働時間の長さについてではないでしょうか。

日本では労働基準法により、労働時間は原則として、1日8時間・週40時間と定められています。この数字は世界的にみても標準的なものといえますが、8時間や40時間という数字自体は、いったいどこからやってきたのでしょうか。

なぜ1日9時間や10時間ではなく、「8」時間なのか。なぜ週「40」時間なのか。さらにいえば、週40時間ということは、1日8時間を前提に考えれば、週5日勤務・週休2日となりますが、週の休日日数についても、2日ではなく、1日や3日でもよかったのではないでしょうか。

現在の労働時間に至るまでには、労働者と資本家との長い対立の歴史があります。この項では、いまや当たり前になっている労働時間数を形作る起源に迫るとともに、これに囚われず新たな労働時間や休日制の在り方を模索しようという動きに焦点を当ててみたいと思います。

■なぜ「8時間労働制」が世の中のスタンダードとなったのか

冒頭で述べたように、1日8時間という労働時間のルールは、いまや日本だけでなく世界共通のものとなっています。しかし当然ながら、1日の労働時間は初めから8時間だったわけではありません。

(1)「8時間労働」が形成されるまでの道のり

① 背景は産業革命期の過酷な労働環境にあった

長い労働の歴史のなかで労働時間の問題が表面化しだしたのは、意外にも産業革命のころからです。というのも、「原始共同体の時代」においては、労働は共同体に属するすべての大人が共同で行う義務であり誰も耐えられないような長時間労働を強いられることはありませんでしたし、また、「奴隷社会」においては奴隷は絶え間ない労働を強いられますが、この社会においては奴隷はモノという考え方でありその労働が激しくとも社会問題にはなりませんでした。[*1] 次の「封建制社会」でも、畑で働く農奴と領主という関係において対立が起こることはありましたが、それも畑で働く日数をめぐるものであり1日の労働時間という概念での争いではありませんでした。[*2]

これは畑作業という性質上、1日の労働時間が日照時間という自然の制約があるからと思われます。

労働時間の問題が広まるきっかけとなったのは、イギリスの産業革命です。18世紀半ばのイギリスでは、資本家と労働者という資本主義的な生産関係の下で産業革命がはじまります。すなわち、これまでは手工業の道具を使って生産を行っていたのが、機械が発明されたことにより、いままで人間の力でできなかった大きな仕事を簡単に行えるようになったのです。

この産業革命期において資本家たちは互いに競い合い、自分たちの富を増やそうと躍起になっていました。より多くの利益を上げるためには、機械に投資した資金の回収を早め、製品1個当たりの機械の償却コストを削減するため機械をできるだけ長期間稼働させる必要があります。そのため、資本家たちは、長時間にわたって労働者を働かせて機械の稼働時間を延ばそうとした結果、産業革命前までは1日10時間〜12時間であった労働時間は、14時間〜16時間ときわめて長くなりました。

＊1　内海義夫『労働時間の歴史』（大月書店、１９５９年）12頁

＊2　前掲注1・13頁

さらに、機械を使うようになれば工場労働には熟練も体力もいらない簡単な仕事が増えるので、幼い子供や女性までも労働者とみなされて深夜労働も含めて働かされていました。過酷な労働環境は、多くの労働者の健康にも非常に悪影響を与えており、有産階級の平均寿命と比べて労働者階級の平均寿命は著しく短くなっていました。産業革命の進展に伴う労働問題のなかでも、もっとも問題視されていたのは児童労働問題でした。

このような劣悪な環境を見直そうと、イギリス国内で労働環境の改善に向けた動きが広がりをみせるようになります。そして、1802年、世界で初めての労働者保護立法として、工場法[*3]が制定されます。この法律は、徒弟について1日12時間までという労働時間規制を定めた内容でした。その後も、イギリスにおいて、労働者保護のための立法が次々と制定されるようになります。

②8時間労働運動の世界への拡大

イギリスの産業革命期に労働時間の問題が表面化すると、世界中で労働時間短縮運動が広がるようになります。特に8時間労働運動を鼓舞したのは、オーストラリアで1856年に行われた初めての「8時間労働」を求める労働者のデモでした。このデモが成功を収めて労働運動が各地に広がると、アメリカでも1863年頃から8時間労働運動が活発になります。[*4]

1886年5月1日に、アメリカ全土で38万人以上の労働者と労働組合が起こしたストライキは、8時間労働制の獲得に大きな影響を与えることとなりました。

そして3年後の1889年、第二インターナショナル設立大会がパリで開かれたとき、アメリカの労働者のこの戦いを記念して5月1日を国際的な祝日とすると定められたのが「メーデー（労働者の日）」の起源です。

なお、8時間労働制の取り入れ方に目を向けると、当時は主として労働協約によって制度導入が進められていましたが、[*5] 1917年、ロシア・ソビエト連邦社会主義共和国が初めて国の法律として8時間労働を立法化し、これに刺激をうけた戦後フランスやドイツでも相次いで8時間労働法が実現します。そしてついに、1919年、国際労働機関（ＩＬＯ）第1回総会で「1日8時間・週48時間」という労働制度を定め、これが国際ルールとして確立されることになります。

③「8」時間の意味
こうして世界的な労働時間短縮の動きにより労働時間は8時間がスタンダードとなったわけ

＊3　正式には、「工場徒弟の健康および道徳の保護に関する法律」
＊4　前掲注1・49頁
＊5　濱口桂一郎『日本の労働法政策』（労働政策研究・研修機構、2018年）506頁

ですが、改めて考えるとなぜ人々は8時間を求めたのでしょうか。実は、「8」時間という数字は、1日は24時間で、3分の1の8時間は休息に使われるため、残りの16時間を仕事と家庭とで半分ずつに分けようとの意味が込められていたようです。

このような考え方について、神奈川大学の野沢浩教授は、著書『労働時間と法』(日本評論社、1987年)の中で、食事・休憩・睡眠などの充足に必要な「肉体的限度」としての時間と、読書・娯楽・社交などの充足に必要な「精神的限界」としての時間から労働時間を画すべきと説いたうえで、8時間労働制について合理的であるとの見識を示されています。

また、一方で、労働生産性という観点からも、「8」時間という数字には意味があります。たとえば、藤林氏は著書(『労働者政策と労働科学』)の中でジョン・レイの「8時間労働論」を以下のように紹介しています。

「レイは過長労働時間の短縮並に八時間労働の実施が、必ずしも従前に比して労働者の作業量を減少せしめなかつたといふ例を、各種の産業に於ける実際経験の内にこれを求め、遂に一般的な八時間労働制の採用の有利なることを結論するに至っている」[*6]

さらに、先に紹介した野沢教授の著書『労働時間と法』では「一九〇〇年にエルンスト・アッベが、ツァイス工場において八時間労働が九時間労働にくらべ一日当り生産量で三・三%増加することを確認して、生産額を減少させないような時間短縮の最適限は、八時間に近いところにあることを説いた」[*7]とされています。

（2）日本の1日8時間労働制の先駆けは、実はあの企業だった

当時の工業は、低賃金で長時間働く労働者に支えられていました。[*8] しかし、上述のようにロシア共和国やＩＬＯでは8時間労働制を定めた法制度や条約がつくられるなど世界的な労働運動は高まりをみせており、日本においても大戦終了によって受注量が激減し経済状態が悪化していくと労働者の不満から労働時間短縮の運動が盛り上がります。そして、1919年9月15日、8時間労働制の発端となった川崎造船所での労働争議が発生します。[*9]

川崎造船所の工場労働者たちが、賃上げ他労働条件の改善を求めた嘆願書を提出するととも

＊6　藤林敬三『労働者政策と労働科学』（有斐閣、1941年）224頁
＊7　野沢浩『労働時間と法』（日本評論社、1987年）88～89頁
＊8　小谷真千代「港湾の空間と記憶の再編成：神戸市東川崎町の景観を中心に」（『海港都市研究、11：21－39』、神戸大学文学部海港都市研究センター、2016年）27頁
＊9　もっとも、既に当時8時間労働制を取り入れていた工場は存在していたようで、1919年7月末には「兵庫県における8時間労働実施工場は既に20工場を数えていた」ようです（小嶌典明「特集：その裏にある歴史　なぜ労基法で1日8時間・時間外割増率25％となったのか」（『日本労働研究雑誌2009年4月号（№585）』、労働政策研究・研修機構、2009年）2頁

にサボタージュをしたことに対し、社長の松方幸次郎が「8時間労働制」（労働時間を10時間から8時間制にして、同額の賃金を支給する）の実施を提示し、サボタージュをしない者には賃上げもすると告げたことにより、労働者たちがこれを受け入れ、労働争議は急速に解決しました[*10]（このため、現在神戸のハーバーランドにはこれを記念した「八時間労働発祥之地」という碑が建てられています。この碑には次のように記されています。「大正8年（1919年）当時の川崎造船所の松方幸次郎社長がわが国で最初に8時間労働制を実施したことを記念してここに碑を建立した」[*11]）。

「川崎造船所争議は、…8時間労働という基準を日本に定着させる起点になった」と評価されており[*12]、この影響により1919年に8時間制を採用した工場は全国で200か所以上に達していました。

◎八時間労働発祥之地の碑

写真提供：神戸市立中央図書館

もっとも、戦前には8時間労働制の法制度の実現には至らず、戦後1947年の労働基準法施行により8時間労働制が定められています。戦後の労働基準法において8時間労働制が取り入れられたのは、戦時中のひどく劣悪な労働条件に対する反発による労働運動の高まりを背景に、日本政府がＩＬＯを中心とした労働立法の国際的水準を考慮して法律を制定したからだといえます。

日本での８時間労働制に至る経緯について、内海教授は、著書『労働時間の歴史』（大月書店）のなかで、「戦前からひきつづいてたたかわれてきた日本の労働運動――その基本的要求のひとつが八時間労働制の実現であった――や世界各国の労働運動の成果であると同時に、敗戦後にほうはいとしてわきおこったすさまじい労働運動の巨濤と、そのなかで実際に八時間労働制を労働協約の形でたたかいとっていった日本の労働者階級の、かがやかしい戦果でもあったのである。」[*13]と論じています。

＊10　前掲注８・28頁

＊11　ただし、このときの８時間労働制の提案には、これを越えた場合の残業代の支給についても含まれており、「残業を前提としたもので、むしろ残業手当の計算方法として設定されたものにすぎない」（前掲注１・227頁）とも評されています。

＊12　前掲注８・28頁

＊13　前掲注１・372頁

■なぜ「週5日勤務・週休2日制」が世の中のスタンダードとなったか

ここまでは1日「8」時間労働のルーツを探ってきました。ここからは、今日多くの企業で取り入れられている週5日勤務・週休2日制はいつ頃から定着したのかみていきましょう。

(1)週休2日制を最初に導入したのはアメリカの自動車メーカー

先進国では1950年代から労働時間短縮への関心が高まり、イギリスやドイツでは労働協約により週休2日制が進みます。[*14]

この先駆けとして、週休2日制を導入したのは、アメリカの自動車メーカーのフォードの創設者のヘンリー・フォードといわれています。[*15]

「ヘンリー・フォードは『労働者はすなわち消費者であり、その労働者の余暇時間を増やすことは、消費の増大さらには生産の拡大をもたらす』旨の基本哲学」[*16]のもとに、「二六年に全工場ほぼ一斉に週四〇時間労働、週休二日制が採用され」ました。[*17]

フォードの経営手法では、当時の2倍近い破格の賃金を労働者に支払うというものが有名ですが、この週休2日制も相まって、「フォードの経営管理は、戦前には日本ばかりでなくヨーロッパでも非常な注目をあびた」[*18]ようです。

その後、年を経ずして世の中は世界恐慌に直面するわけですが、この不況において週休2日制は、労働者のための労働時間の短縮という文脈ではなく、「操業短縮と結びついて、むしろ経営者側の要求によって」[*19]定着することとなりました。

そして週休2日制は着実に普及を続け、ついに1938年に制定された連邦公正労働基準法によって週40時間制が原則となります。[*20]

世界的な情勢をみても、ILOは1919年の週48時間労働(工業)条約および1930年の週40時間労働時間(商業および事務所)条約によって週の労働時間を確立しています。ILOの条約も当初は週48時間労働制が基本的標準とされていたものの、その後、週40時間労働制

＊14　前掲注5・519頁
＊15　もっとも、既に週休2日制を取り入れている業種もあったようで、『完全週休2日制』(吉本実著、東洋経済新報社、1981年、42頁)では、「初めて週休二日制が導入されたのは一九二〇年代の初め、男子服製造業においてであるといわれています」と紹介されています。
＊16　吉本実『完全週休2日制』(東洋経済新報社、1981年)42頁
＊17　前掲注16・42頁
＊18　高橋武『週五日制の時代』(日本経営出版会、1968年)63頁
＊19　前掲注18・64頁
＊20　前掲注16・43頁

へ移行する動きとなっており、現在では大多数の国々において、週40～48時間の範囲での労働時間制がとられています。

(2) 日本初の週休2日制を導入した企業は、実はあの電機メーカーだった

日本で週休2日制[*21]を最初に導入したのは、1965年、松下電器産業（現パナソニック）といわれています。

同社創業者の松下幸之助氏は、アメリカを視察した際、週2日休むにもかかわらず日本より高額の賃金が支給されているアメリカの経営手法に影響を受け、自社でも週休2日制の導入を決めたとされています。このときの松下氏には、「2日休日の内、1日は休養、1日は教養として文化向上、勉強に充てる。[*22]」との思いがあったようです。そして、当時不況の中ではあったものの、「日本の政治の仕組み、企業の在り方は全体に非効率である、我が社だけでもアメリカ並に効率を上げないと競争出来ない。出来るか出来ないかではなく、日本の新しい黎明の先達になるんだ[*23]」と強く訴え実施に踏み切りました。

その後、法律面でも、1987年に労働基準法が改正され、労働時間の規定は「1日8時間、週48時間以内」から「1日8時間、週40時間以内」に変わります。

そして、当時の政府も、中小企業に週休2日制の普及を進めるには、取引関係などで影響力の強い金融機関や広く労働条件設定の目安となっている公務員についてまず実現することが効

果的であるとの考え方から、この時期の労働時間法政策の中心は、金融機関と公務員の週休2日制の促進におかれていました。[*24]

また、教育機関レベルにおいても、1992年（平成4年）から公立学校で月1日土曜休校が始まり、2002年（平成14年）には週休2日制となっています。[*25] このような経緯を経て、国民の間に週休2日制の文化がより根付いていくことになりました。

3 労働時間規制の考え方からみえてくる各国の労働の捉え方

(1) EU圏における長時間労働の捉え方

EU圏、とりわけイギリスやフランスでは、労働者及び家族の関心は早くから労働時間の短

＊21 なお、週休2日制には、毎月一度でも週に2日休日がある週休2日制と、毎週必ず2日間の休みがある完全週休2日制があるが、ここでは後者のことを指して「週休2日制」といいます。

＊22 恩田幸敏「松下幸之助の『魁』と『志』」（『セミナー年報（2011）』、関西大学経済・政治研究所、平成24年）153～154頁

＊23 前掲注22・154頁

＊24 前掲注5・522頁

＊25 前掲注5・522頁

縮に向けられています。この根幹にあるのは、長時間労働は労働者の健康や安全に有害であり、また、家族にとっても苦痛であるという考え方です。すなわち、長時間労働は「悪」であるという考え方が国民の意識に根付いています。

このような考え方を背景として、実際にEU圏では、ILOへの加盟や条約の批准についても積極的な姿勢をとっています。労働時間規制に関する制度をみても、長時間労働を抑制するために、時間外労働について割増賃金を支払うのは当然として、時間数にも上限を設け、違反すれば罰則を科すとされています。

(2) 自由主義の国アメリカでの長時間労働の捉え方

これに対して、アメリカには契約自由の原則が根付いており、むしろ長時間労働は賃金を稼ぐために合理的な手段として肯定的にとらえられています。

アメリカにも労働基準法(公正労働基準法:FLSA)があるものの、元来労働者の保護を目的とした法律ではなく、企業間競争の「公正」を確保する目的の法律となっています。実際に、制度内容としても、日本やヨーロッパ(ドイツ、フランス、イギリスなど)では、労働時間の上限、休日、有給休暇の付与、深夜労働について定めがあるものの、FLSAでは、これらについて定められていません。

時間外労働についても、一労働週に40時間を超えて労働したすべての時間に対して通常賃金の1・5倍以上の割増手当を当該労働者に支払うことを義務づけているものの、労働時間の上限はなく、割増手当さえ支払えばいくらでも働かせてよい、むしろ、割増賃金の制度ですら、企業が雇用コストを避けて雇用率を下げたり労働時間を減らしたりする方向に働くため、低所得階級の労働者にとって大きなお世話との評価すらあるのがアメリカ国民の考え方です。

実際、アメリカの労働者の労働時間は長く、2016年のOECDの調査によれば、年間1783時間となっており、日本の年間労働時間よりも長い（日本は1713時間。なお、ドイツは1363時間）とされています。

（3）日本の労働時間への捉え方

戦後の日本では、GHQの指導、助言を受けつつ労働基準法が作成された経緯があります。もっとも、日本では歴史的に長時間労働への抵抗感があったため、制定当初、時間外労働の上限規制についても議論されていました。

結果的には、このときは上限規制は設けられませんでしたが、それはあくまでも戦後の日本経済の復興を優先させてのものであり、アメリカのような自由主義的な発想からではなかったと思われます。

実際、働き方改革の考え方によれば、長時間労働は健康を害するもので、また、ワークライフバランスの観点からも望ましくないとされており、EU圏にならい、時間外労働に関する上限規制が導入されています。

このように、日本はＧＨＱの指導の下に労働法制が整備された経緯があるものの、一方では、日本独自の労働に関する考え方を背景として、長時間労働是正に向けた制度を熟成させてきたと考えられます。

LABOR LAW 3

年次有給休暇制度の起源と発展

有給休暇、有給休暇制度とは？

有給休暇という言葉は誰もが耳にしたことがあると思いますが、有給休暇制度がどういったものかを簡単におさらいしてみたいと思います。

もともと有給休暇とは、広い意味では、労働者が取得する休暇日、つまり会社を休むことができる日のうち、賃金が支払われる「有給」の日全般をいいます。みなさんが日常的に耳にしている有給休暇とは、このうちの年次有給休暇のことを指すことが多いと思います。本項でお話しする有給休暇制度も、「年次」有給休暇制度[*1]についてです。

年次有給休暇は、法律で定められた正式な休暇であり、事業主は法律の内容に沿った形で従

＊1　企業によっては慶弔休暇や夏季休暇などを有給としているところもあり、こういった休暇も広い意味で有給休暇といいます。

業員に対して有給の休暇を付与することが義務づけられています。具体的には、日本では、雇入れの日から起算して6か月間継続勤務した中の全労働日のうち、8割以上出勤した従業員に対しては、10日分の有給休暇を与えなくてはなりません（労働基準法第39条第1項）。また、この有給休暇の付与日数については、継続勤務年数が増えることに応じて増加していきます（同条第2項）。

これまで日本における年次有給休暇制度は、取得の有無が労働者個人の自由でした。そのため極端にいえば、労働者が申し出なければ年次有給休暇を1日も取得させなくとも違法ではありませんでした。しかし、２０１９年（平成31年）4月1日から、働き方改革の一環として、年次有給休暇の取得義務が法定化されました。この背景には、日本で働く労働者の年次有給休暇取得率が世界的にみてきわめて低いため、政府が取得率アップのための打開策として打ち出したという事情があります。なぜ日本の年次有給休暇の取得率は低いのか、そもそも年次有給休暇制度の目的はなんなのか、年次有給休暇はどのような経緯で生まれたものなのか、以下の項目では年次有給休暇制度について普段とは違った角度からみていきたいと思います。

■年次有給休暇の目的

前項では労働時間短縮の歴史をみてきましたが、それぞれの時間には意味があることがわかります。すなわち、8時間労働には1日24時間を三分割しそれぞれの時間を労働・休息・家庭にあてるという意味があり、週休2日制には1日を休息に1日を社会的文化的生活の保障にあてるという意味があります。[*2]

では、年次有給休暇にはどのような意味があるのでしょうか。年次有給休暇は1年の労働に対して与えられる休暇です。この休暇の意味合いについて、九州大学の野田進教授は著書『「休暇」労働法の研究』の中で「労働者がある程度の長期にわたり労働から離れることにより、精神的・身体的に休養し、あるいは広い意味で何らかの文化的な活動への参加を保障すること、これが年次有給休暇の目的にほかならない。」と述べています。[*3] つまり、年次有給休暇は本来長期間の労働からの解放を前提として、心身を休養し、または文化的活動にあてるための休暇なのです。

このようにみていくと、休息という広い意味では1日の労働時間の制限や週の休日、年次有給休暇も同じように思われますが、それぞれに異なる意義があることがわかります。

＊2　片岡昇、萬井隆令『共同研究労働法4　労働時間法論』（法律文化社、1990年、155頁）では、休日の意義について「労働者の肉体的精神的疲労回復を図るということとともに、労働者の労働場所以外での社会的文化的生活を保障することにある点にある」と述べた上で、「『疲労回復のための一日』に加えて『社会的文化的活動を行うための一日』をあわせた週休二日制の普及」の重要性を説きます。

＊3　野田進『「休暇」労働法の研究』（日本評論社、1999年）181頁

■有給休暇制度の誕生から確立までの歴史

(1) 上層ブルジョワ階級の特権だった有給休暇制度

有給休暇制度の歴史をさかのぼってみると、実は19世紀のフランスにおいてこの制度の原形が存在していました。もっとも、当時は現在のようなすべての労働者を対象としておらず、公務員あるいは産業界の幹部などの上層ブルジョワ階級といった、特定の者にのみ与えられる特別な権利でした。[*4]

しかし、1930年頃になると転機が訪れます。1929年、ウォール街に始まった大恐慌による経済危機がヨーロッパにも波及し、フランスでも、工業・農業生産の落ち込み、失業者の増大が社会不安をもたらします。そうしたなかで、極右団体の動きに反発する形で反ファシズムの動きが広がります。中産階級と労働者階級の同盟である左翼陣営が、フランス国内の総選挙で圧勝することとなりました。[*5] そして、当時の左翼政権の下で、フランス国内で200万人もの労働者が、労働者の権利の拡大を要求して、全国で大規模なストライキや工場閉鎖、デモを繰り広げました。その結果、労働時間を週40時間に規制した労働時間法とともに、全産業の労働者を対象として1年の労働につき14日の年休を付与する法案が賛成多数で可決され、法定化されました。また、当時の政権下では、法律を制定するだけでなく、直ちにフランス国鉄の有給休暇切符（通常の40％の料金）を制度化するなど労働者の休暇支援も行いました。このような後押しもあり施行年の夏は36万人、翌年夏には180万人もの利用者となり、[*6] 年次有給休暇は一気にフランス国民に浸透していくこととなります。そして、このような歴史の転換点となった年次有給休暇を規定した法律は、「バカンス法」と呼ばれています。

上記のようなフランス国内での社会情勢の機運の高まりを受けて、1936年、ILOにおいても年次有給休暇に関する条約が採択されました。そのため、ILO条約の年次有給休暇の法理はフランスで制定された法制度に類似したものであったといわれています。[*7]

（2）日本における導入時期

一方で、日本においては、昭和10年代までに「年次有給休暇」制度的なものが個別的に適用

＊4　飯田芳也「フランスバカンス制度についての一考察　日本での長期休暇普及のために何を学ぶか」（『城西国際大学紀要16（6）』、城西国際大学、2008年）16頁
＊5　前掲注4・15頁
＊6　前掲注4・17頁
＊7　小西國友『国際労働法』（信山社、2012年）236頁

されていました。[*8]

ただし、このときの制度は、「民間企業における『慰労休暇』・『特別休暇』という名称での実施、公務員に対するいわゆる賜暇制度など、主に、ホワイトカラーを中心にした個別企業、個別業種に限」[*9]られたものでした。日本では第二次世界大戦までは、労働組合運動が刑罰法規により厳しく抑圧されていたため、労働者による有給休暇の大衆化の動きは下火となっていました。

もっとも、戦後、GHQによる労働改革方針の下、1947年に制定された労働基準法のなかで、初めて有給休暇制度が法制化されます。先にみたフランスにおけるバカンス法の制定が1936年であったことからすれば、日本における有給休暇制度の導入時期は、欧州とそれほど大きな差がなかったことがわかります。しかしながら、導入までの歴史的な背景には大きな隔たりがあります。

■有給休暇付与日数と消化率からみえてくる日本人像

（1）付与日数も少なければ、取得率も低い

有給休暇付与日数は各国によって異なりますが、エクスペディアジャパンの調査によれば欧州では1年間で4週間程度の付与が一般的であるのに対して、日本は20日が付与の上限で、付与日数だけをみても諸外国より少ないことがわかります。しかも、西欧諸国では、「法律上の

日数を超えた休暇が労働協約等によってプラスされていることが多い」[*10]ので、次頁上図よりも実際の付与日数の差は大きいといえます。

一方で、諸外国のなかでも日本の有給休暇取得率は低く、次頁上図で比較対象となっている19か国の中で3年連続最下位となっています。しかも、その取得率は他国と比べて群を抜いて低く、２０１８年で比較すると、日本が50％なのに対して、下から2番目に低いオーストラリアでさえ70％の取得率です。対照的に、西欧諸国ではイタリアを除いては軒並み90％を超えており、フランス・スペイン・ドイツでは１００％の取得率となっています。

つまり、日本は、もともとの年次有給休暇付与日数が少ないにもかかわらず、その少ない年次有給休暇でさえもきちんと消化しきれていないのです。その結果、実際に取得できる日数は他国と比べてもさらに少なく、ブラジル・フランス・スペイン・ドイツといった国と比べると、その日数は3分の1しかありません。

＊8　臼井冬彦「実態としての日本の有給休暇制度」（『観光創造研究No.４』、北海道大学観光学高等研究センター、２００８年）3頁
＊9　前掲注8・3頁
＊10　小倉一哉「なぜ日本人は年休を取らないのか」（『日本労働研究雑誌No.５２５』、労働政策研究・研修機構、２００４年4月）62頁

◎日本人の有給休暇率、3年連続最下位…

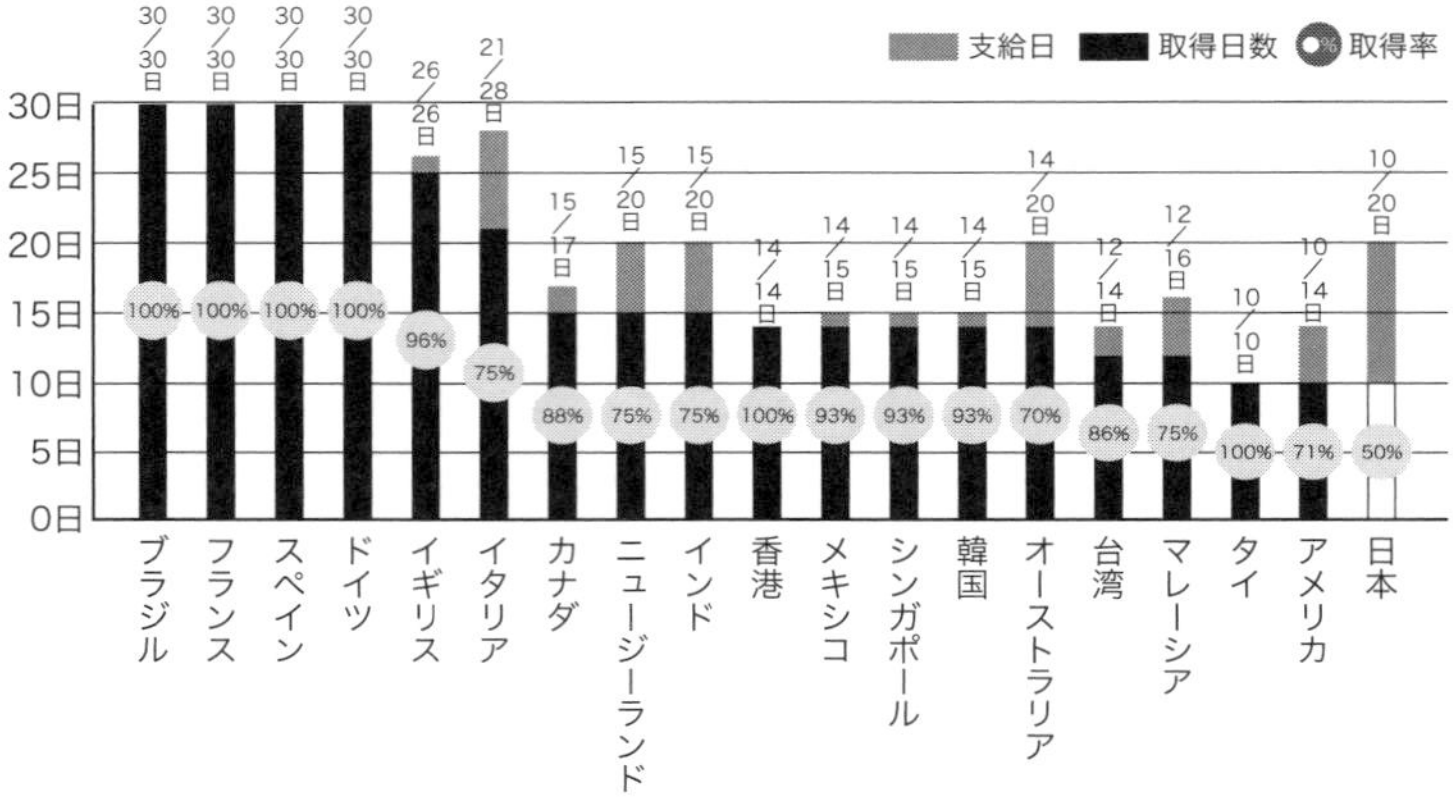

出典：エクスペディアジャパン「有給休暇・国際比較調査 2018」より

◎有給休暇取得に罪悪感がある人の割合

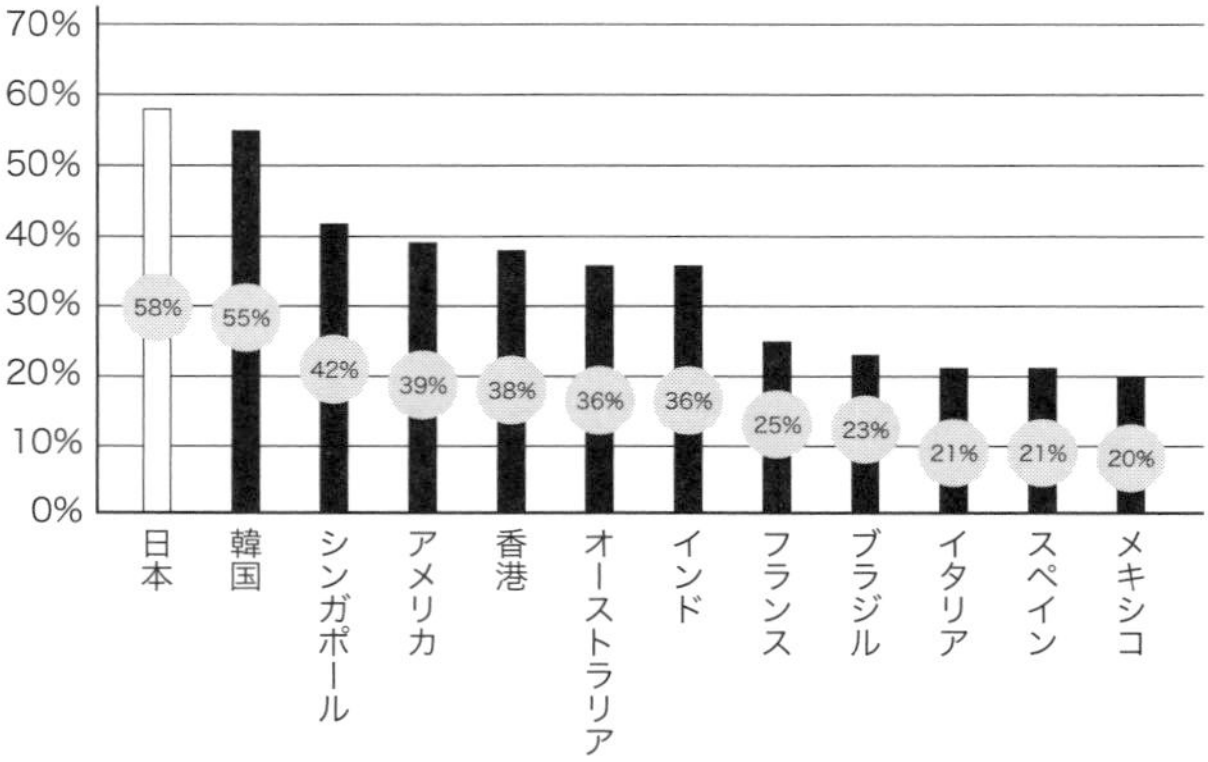

出典：エクスペディアジャパン「有給休暇・国際比較調査 2018」より

①「罪悪感」が有給取得を妨げている？

このような年次有給消化率の低さの背景について、エクスペディアジャパンが実施した調査では、日本人の58％が年次有給休暇の取得に罪悪感があると回答しており、世界でもっとも割合が多い結果となっています。他国の場合でも、有給休暇を取得していない国ほど、罪悪感を感じている傾向にあるといえます。有給消化をしない理由の調査によれば、日本では人手不足を理由とした人が割合としてもっとも多かった（前出同社調べ）ようですが、ここには「人手不足だから自分も働かなければならず、休むことに罪悪感を感じる」という心理が働いていると考えるのが自然です。

このような日本人の有給休暇の権利意識の低さについて、永田公彦氏は「年休そのものが、フランスのようにナポレオン３世の時代からお上（国や経営者）と闘い続けて勝ち取ってきた権利ではなく、戦後のＧＨＱの占領下に、突然お上から降りてきた『棚からぼた餅』のような存在です。こうした背景から、これまで日本の労働者が、年休取得の権利に対する意識が低かったのは当然と言えるでしょう。」と述べられています。[*11] 日本人の有給休暇制度に対する権利

＊11　永田公彦「日本は有休取得の義務化より『バカンス大国』を目指せ」（「DIAMOND online」、２０１７年8月16日号」（https://diamond.jp/articles/-/138129?page=2）

意識の違いについて、制度を導入した歴史的な背景に着目して説明した面白い視点といえます。

■日本の有給休暇ルールは世界の非常識!?

(1)有給休暇の買取りは悪なのか

日本の労働法の下では当たり前とされている有給休暇のルールも、世界へ目を向けるとそうではないことが往々にしてあります。

たとえば、有給休暇の買取りについてです。いまの日本では、有給休暇の買取りは原則として禁止されています。これは、有給休暇の趣旨があくまで「現実の休暇の取得」であり、金銭による補償を行ったとしても有給休暇を与えたとみなすことはできないと考えられているからです。

これに対して、有給休暇をお金に換える制度を用意している国もあります。たとえば、中国などでは労働者がその年の年次有給休暇を消化しきれなかった場合、使用者は労働者に対して、未消化日数に応じて金銭を支払わないといけません。有給休暇の未消化分を企業に強制的に買い取ることを義務付けることにより、企業に積極的に労働者への有給取得を働きかける仕組みを構築しているのです。

（2）有給休暇買取りをめぐる日本の問題点

たしかに、日本においても、例外的な場面で有給休暇の買取りは認められています。[*12] しかしながら、日本では、買い取るかどうかは会社の判断によることになります。労働者から買取りの請求があったとしても、拒否することが可能です。もともと、日本において有給休暇の買取りを禁止した意図は、企業が有給休暇を買い取ることを禁止することにより、労働者に現実に休暇を取得できるようにする点にありました。しかしながら、いまの日本における有給取得率の低さをみる限り、現実はそううまくはいっていません。先にみたように、日本人は有給休暇の取得に対して罪悪感を抱く根強い国民性があります。有給休暇を取得できない日本人は、多くの未消化の有給休暇を抱えることになります。その一方で、企業が未消化の有給休暇を買い取る義務がないとなれば、結果的に未消化分の有給休暇は膨み、その多くはいずれ消滅していきます。すなわち、労働者を保護するために定められていたはずの有給休暇の買取り禁止ルールが、実は労働者に有利に働いておらず、企業の利益にしかなっていないという皮肉な現実が

＊12　日本の買取り禁止ルールには、以下の①～③の例外があります。
①法律で認められた日数より多く有給休暇を与えている場合に、その超えた部分のみを買い取る場合
②2年の時効にかかり消滅してしまった有給休暇を買い取る場合
③退職時に残っている有給休暇を買い取る場合

浮き彫りになっています。現在の日本の状況を踏まえて、改めて有給休暇の買取り制度を根本から見直す必要がありそうです。

■日本における有給休暇制度の今後の在り方

このような有給取得率の低さを改善しようと、政府は有給休暇取得率アップに向けた対策を打ち出しています。

それが、「有給休暇の取得義務化」です。働き方改革の一環として、改正労基法では、2019年（平成31年）4月1日以降、年10日の年休を得ている労働者に対して、5日は取得させるよう義務付けられました。取得日数が5日を下回る労働者に対しては、企業側が聞き取りを行ったうえで、不足日数分の取得日を指定しなければなりません。これを順守しない企業には、6か月以下の懲役または30万円以下の罰金が科せられます。

今後は、有給休暇の取得率についてより一層関心が高まり、企業にとっても労働者にとっても、有給休暇を取得することが当然の世の中に変化していきます。そのため、企業は、それぞれの労働者に有給の取得を任せるのではなく、積極的に有給の残日数や取得率を管理していく必要がありますし、また、労働者が業務を気にせず有給休暇を取得できるよう業務量などの見直しを行うことが喫緊の課題になるといえます。

LABOR
LAW

第 5 章

労働環境を整える

第5章　サマリー

労働という生産活動を行ううえで、労働と労働環境は切っても切り離せない関係にあります。もっとも、長い労働の歴史のなかで、労働環境に焦点を当てて議論がされるようになったのは、それほど昔のことではありません。

昨今では、性的被害等の告発をする「#MeToo」運動が世界的な広がりをみせ、また2019年（令和元年）6月には、国際労働機関（ILO）において「仕事の世界における暴力及びハラスメントの撤廃に関する条約」が採択され、ハラスメントの撲滅強化に向けた動きが加速化しています。日本でも、2020年（令和2年）6月1日から（中小企業は2022年4月1日から）いわゆるパワハラ防止法が施行される等、労働環境についての国民の関心も高まりつつあります。

長い労働の歴史のなかで、今日ほど日本を含む世界各国で労働環境についての関心が高まっている時代はないのではないかと思います。

本章では、主なハラスメント類型として「セクシュアル・ハラスメント」「パワーハラスメント」について、日本においてどういう成り立ちがあり、どのように社会的な関心が高まっていったのか、また現在の法規制の内容、今後の課題について諸外国との比較をしながらみていきます。

さらに、労働環境を整備するという観点からは使用者に「安全配慮義務」が課せられており、安全配慮義務の法規制の成り立ちや変容、今後についてもみていきます。

● セクシュアル・ハラスメント
● パワーハラスメント
● 安全配慮義務

LABOR LAW 1

セクシュアル・ハラスメント

セクシュアル・ハラスメント（以下、「セクハラ」といいます）は「性」に基づく問題であり、人間が生まれた太古の昔から存在しうる問題です。しかし、世界的にも社会問題として認識、注目され始めたのはここ50年ほどのことです。財務省事務次官のセクハラ騒動等、セクハラに関する事件が、新聞やニュースでたびたび報じられ、日常の会話でもセクハラという言葉がよく用いられる等、日本社会においてセクハラという言葉が浸透している状況にあります。

そこで、セクハラの概念がどのように生まれ、日本でセクハラがどのように広まり浸透してきたのか、諸外国との比較も踏まえてみていきたいと思います。

はじまりはアメリカ

「セクシュアル・ハラスメント」という言葉は、1970年代初めにアメリカにおいて公民権運動[＊1]とともに力を得たフェミニズム運動[＊2]のなかでできた造語であるとされています。また、フェミニスト法学者が1964年に制定された公民権法第7編の「性差別」の問題として捉えるべきであるといち早く提唱してきた歴史的経緯があるため、アメリカのセクハラ訴訟では、主として公民権法第7編の禁止する「性差別」（703条参照）[*3]の問題として取り上げられてきました。1980年には、連邦政府機関である雇用機会均等委員会（以下、「EEOC」といいます）が、セクハラを公民権法第7編の禁止する性差別の一形態と認める内容のガイドラインを定め、運用基準を明確にしました。アメリカの裁判所では、かかるガイドラインを判断の材料としており、重要な法源の1つとなっています。そして、セクハラが性差別にあたること

＊1　人種差別の撤廃と憲法で保障された諸権利の適用を求めて展開された運動
＊2　女性解放思想、またその思想に基づく社会運動
＊3　公民権法第7編：703条　違法な行為　・次に掲げることは違法な雇用行為である。
（1）個人の人種、皮膚の色、宗教、性又は出身国を理由として、個人を雇用しないこと、雇用を拒絶すること若しくは解雇すること、又は報酬、雇用条件若しくは雇用上の権利に関して個人を差別すること。
（2）個人の人種、皮膚の色、宗教、性又は出身国を理由として、個人から雇用の機会を奪う若しくは奪う効果を有する方法又は被用者としての地位に不利な影響を及ぼす方法により、その被用者又は雇用の応募者を制限し、差別し、区別すること。
（※なお、当該規定は「性」を理由とした差別を禁止していますが、セクハラが性差別にあたるかについて明確にはしておらず、セクハラが性差別にあたるか否かは裁判上の争点となっていました。）

や、対価型と環境型の2類型があることは、裁判例や*4EEOCのガイドライン、学説等により確立されていきました。*5

■日本のはじまりと広がり

日本でセクハラという言葉が使用されるようになったのは1980年代半ば以降といわれています。*6

日本で最初のセクハラ訴訟として報道された裁判例としては、福岡セクシュアル・ハラスメント事件（福岡地判平成4年4月16日労判607号6頁）（雑誌社の編集長が対立関係にあった部下の女性の異性関係の乱れを吹聴して女性を退職に追い込んだ事件）があります。この事件をマスコミが大々的に報道したこともあり、「セクシュアル・ハラスメント」という言葉は1989年（平成元年）の流行語大賞を受賞しました。これまで職場でのセクハラはあまり意識されてきませんでしたが、何気ない女性に対する言動がセクハラとなりうるということが社会的に意識されるようになり始めた時代の転換点となりました。

その後、セクハラという言葉は単なる流行語にとどまらず、1990年以降もセクハラに関する裁判例が相次いだこともあり、社会的にセクハラという言葉が定着していきました。

そして、1997年（平成9年）6月には、男女雇用機会均等法が改正（1999年4月1日に施行）され、事業主に対してセクハラに関する雇用管理上必要な配慮をする義務が課されることとなりました。これは日本で初めてセクハラを法律による規制の対象としたものです。また、配慮義務の内容を具体化した「事業主が職場における性的な言動に起因する問題に関して雇用管理上配慮すべき事項についての指針」が策定されました。

それに加え、男女雇用機会均等法の対象外となる国家公務員についても、人事院において、1998年11月に、セクシュアル・ハラスメントの防止等に関する人事院規則が制定されました（同じく1999年4月1日に施行）。

その後、2006年（平成18年）6月の男女雇用機会均等法の改正（2007年4月1日に施行）では、セクハラに対する事業主の「配慮」義務規定を「措置」義務規定に強化し、また措置義務の内容を具体化した「事業主が職場における性的な言動に起因する問題に関して雇用

＊4　1970年代後半から、セクハラが1964年公民権法第7編の禁止する性差別にあたるとする下級審での判決が出されるようになり、1986年には、連邦最高裁判所（ヴィンソン事件）が認めるに至りました。

＊5　なお、公民権法第7編は、職場におけるセクハラを規制する目的で、違反する使用者の民事責任を追及する法律であるため、加害者個人の責任を追及するためには刑事法や不法行為法が用いられています。

＊6　1986年に起きた西船橋駅ホーム転落死事件（西船橋構内で女性が泥酔した男性に絡まれ、身を守るため男性を突き倒したところ、線路に転落・死亡したという事件）において、起訴された女性の支援団体がセクハラという言葉を使いだしたとされています。

管理上講ずべき措置等についての指針」（以下、「セクハラ指針」[*7]といいます）が策定されました。さらに、女性のみを保護対象とするのではなく男性に対するセクハラも対象[*8]としました。

男女雇用機会均等法第11条2項[*9]（2019年法改正により同条4項）に基づいたセクハラ指針では、事業主の措置義務として以下の内容を規定しています。

i）職場におけるセクハラに関する事業主の方針等の明確化、及びその周知・啓発

ii）労働者からの相談（苦情を含む）に応じ、適切に対応するために必要な体制の整備

iii）職場におけるセクハラに係る事後の迅速かつ適切な対応

iv）上記の措置に併せて、当事者等のプライバシー保護のための措置の実施と周知や、相談、協力等を理由に不利益な取扱いを行ってはならない旨の定めと周知・啓発など

また、上記措置義務は、国が事業主に課した公法上の義務であり、厚生労働大臣の行政指導や、企業名公表、都道府県労働局長による紛争解決の援助等の対象となります。

2019年（令和元年）5月には、さらに男女雇用機会均等法が改正され、セクハラ等に関する国、事業主及び労働者の責務の明確化、事業主に相談等をした労働者に対する不利益取扱いの禁止の明記、及び自社の労働者等が他社の労働者にセクハラを行った場合に、他社の求めに応じて事実確認等の措置に協力する努力義務を設けること等の改正がなされました。

■ＥＵでの取扱い[*10]

EUでは、2000年以降の均等待遇指令により、人種・民族、宗教・信条、障害、年齢、

＊7　セクハラ指針では、セクハラの内容として大きく2つの類型があることを示しています。①性的な要求をしたところ拒否をしたために解雇された等、職場において行われる労働者の意に反する性的な言動に対する労働者の対応により、当該労働者が解雇、降格、減給等の不利益を受けることを「対価型セクシュアルハラスメント」としています。また、②上司が労働者の腰、胸等に度々触ったため、当該労働者が苦痛に感じてその就業意欲が低下する等、職場において行われる労働者の意に反する性的な言動により労働者の職場環境が不快なものとなったため、能力の発揮に重大な悪影響が生じる等当該労働者が就業する上で看過できない程度の支障が生じることを「環境型セクシュアルハラスメント」としています。

＊8　2013年（平成25年）のセクハラ指針の改正により、同性間の言動もセクハラに該当し得ることが明示されました。また、2016年にもセクハラ指針が改正され、LGBTに配慮し、「被害を受けた者の性的指向又は性自認にかかわらず、当該者に対する職場におけるセクシュアルハラスメントも、本指針の対象となる」ことが明記されました。

＊9　（職場における性的な言動に起因する問題に関する雇用管理上の措置）【抜粋】

第11条　事業主は、職場において行われる性的な言動に対するその雇用する労働者の対応により当該労働者がその労働条件につき不利益を受け、又は当該性的な言動により当該労働者の就業環境が害されることのないよう、当該労働者からの相談に応じ、適切に対応するために必要な体制の整備その他の雇用管理上必要な措置を講じなければならない。

4　厚生労働大臣は、前三項の規定に基づき事業主が講ずべき措置等に関して、その適切かつ有効な実施を図るために必要な指針（次項において「指針」という。）を定めるものとする。

＊10　男女共同参画会議　女性に対する暴力に関する専門調査会「セクシュアル・ハラスメント対策の現状と課題」（平成31年4月）13頁

性的指向、性別といった保護特性に関連するセクハラを含むハラスメントを、差別の一形態とみなしており、また「雇用及び職業における男女の機会均等待遇原則実施指令（2006/54/EC）」[*11]は、EU加盟国に対し、国内法にセクハラを定義して禁止することを求めています。かかる基本指令を基に、各国がハラスメントを定義し、その行為を禁止しています。

■イギリスでの取扱い[*12]

イギリスでは、2010年の平等法において、EUの基本指令も考慮して、従来の差別禁止に関する法律や規則を統合し、①年齢、②障害、③性自認（性別再指定）、④婚姻及び民事パートナーシップ、⑤妊娠・出産、⑥人種、⑦宗教又は信条、⑧性別、⑨性的指向を理由とする差別を、ハラスメントを含めて禁止しています。[*13]また、平等法は労働事案について、雇用審判所[*14]や、行政の紛争解決機関（助言・あっせん・仲裁局、ACAS）を中心とした紛争解決を予定しています。

■フランスでの取扱い[*15]

フランスでは、1992年の刑法典改正の際に、セクハラ罪を新設しました。その後、2002年の改正法により、セクハラは「性的好意を得ることを目的として、他人にハラスメントする行為」と定義されていましたが、2012年5月4日、憲法院が、同罪の処罰規定は

＊11　前掲注10・13頁「雇用及び職業における男女の機会均等待遇原則実施指令（2006/54/EC）」【抜粋】
2条（1）（c）ハラスメント～人の性別に関連する望まれない行為が、人の尊厳を侵害し、かつ、脅迫的な、敵対的な、品位を傷つける、屈辱的な、若しくは不快な環境を生じさせる目的又は効果を持つ場合
2条（1）（d）セクシュアル・ハラスメント～いかなる形態であれ言語的、非言語的又は身体的な性的性質を有する行為が、相手の尊厳を侵害し、かつ、脅迫的な、敵対的な、品位を傷つける、屈辱的な、若しくは不快な環境を生じさせる目的又は効果を持つ場合
2条（2）（a）ハラスメント及びセクシュアル・ハラスメント並びに人がかかる行為を拒否したか受け入れたかに基づくいかなる不利益取扱いも差別とされる。
※2条（1）（d）でセクハラの定義を行うほか、2条（1）（c）では性的な性質を有さない性別に関連するハラスメントであるジェンダー・ハラスメントを定義している。
＊12　前掲注10・14、15頁
＊13　前掲注10・14頁　平等法【抜粋】
26条ハラスメント（1）特定の差別事由に関連する望まれない行為を行い、その行為が（i）相手の尊厳を侵害する、又は、（ii）相手に脅迫的な、敵対的な、品位を傷つける、屈辱的な、若しくは不快な環境を生じさせる、目的又は効果を持つ場合
26条（2）性的な性質の望まれない行為を行い、その行為が（i）相手の尊厳を侵害する、又は、（ii）相手に脅迫的な、敵対的な、品位を傷つける、屈辱的な、若しくは不快な環境を生じさせる、目的又は効果を持つ場合
26条（3）性的な性質、又は、性自認若しくは性別に関連する望まれない行為を行い、その行為が（i）相手の尊厳を侵害する、又は、（ii）相手に脅迫的な、敵対的な、品位を傷つける、屈辱的な、若しくは不快な環境を生じさせる、目的又は効果を持つ場合であって、相手がその行為に従うことを拒否したことによって、拒否しない又は行為に従った場合の取扱いに比べて、不利益に取扱う場合
※26条（2）でセクハラに関する定義を行い、26条（3）では、セクハラのほか、性自認、ジェンダー・ハラスメン

罪刑法定主義違反を理由に憲法に違反すると判示されました。そのことから同罪を廃止し、判決の3か月後に新たな法律[*16]が成立し新たなセクハラ罪が定められ、現在に至っています。

また、1992年セクハラ罪新設にかかる刑法典制定時に労働法典を改正[*17]し、雇用の枠内でセクハラの被害者保護及び防止規定を定めています。

■法的救済方法・今後の課題

日本を含め、フランス、イギリス等は、アメリカの法概念や法理を借用している点はあるものの そのまま移入しているわけではなく、セクハラの取り巻く問題（加害者及び使用者に対する法的制裁、被害者の雇用保護、セクハラ予防等）に関して、各国の法制度が異なることから、各国の事情に応じ独自の法理や立法化を展開しています。

諸外国のセクハラに関する法的責任追及方法には大別して2つの方法があると考えられています。セクハラを人の尊厳や人格権の侵害ととらえる、不法行為や刑事法等による「人格権アプローチ」（主に「大陸法系」）と、セクハラを性差別ととらえる、差別禁止法等による「性差別（又は平等）アプローチ」（主に「英米法系」）の方法です。また、これとは別に、アメリカを除く、フランス、イギリス、ドイツ、日本等では、労働法による被害者保護やセクハラ防止も図られています。[*18]

日本では、被害者の人格権侵害に対する不法行為や被害者の雇用保護（安全配慮義務違反）

トも含め、該当行為を拒否したことにより不利益に取り扱う場合をハラスメントとしています。
109条1項　労働者が業務上行った行為は、その使用者も行ったとみなすべきである。
109条3項　その使用者がこの行為を認識したり認めた上で行ったかどうかは問題ではない。
109条4項　使用者に対する法的手続きにおいて、労働者が業務上行い、争われている行為については、労働者がそうしないように予防するために使用者がとった全ての措置を証明することは抗弁となる。
※109条1項及び3項で、労働者の業務上行った行為は、使用者の認識の有無に関係なく、使用者も行った行為とみなすべきとされています。

＊14　雇用審判所は、違反を認定した場合、賠償支払い命令や適切な勧告等を行います。

＊15　前掲10・15、16頁

＊16　前掲注10・15頁　刑法典【抜粋】
第222－33条Ⅰ　ある人に対して、その下劣的若しくは屈辱的な性質のゆえに、その人の尊厳を侵害し、又は脅迫的、敵対的若しくは不快な状況を創りだす、性的性質を有する言葉又は行動を反復的に押し付ける行為をいう。
同条Ⅱ　行為者本人又は第三者のために、性的性質を有する行為を得ることを真実又は外観的な目的として、重大な圧力形態を行使する行為は、反復性の有無を問わず、セクシュアル・ハラスメントとみなす。
同条Ⅲ　Ⅰ項及びⅡ項に規定する行為（セクシュアル・ハラスメント）は、2年の拘禁及び3万ユーロの罰金に処する。これらの刑は、行為が次に掲げるものであるとき、3年の拘禁及び4万5千ユーロの罰金に処する。ｉ）人が職務権限を濫用したとき、ⅱ）15歳以下の未成年になしたとき、ⅲ）年齢、疾病、身体障害、身体的若しくは精神的欠陥又は妊娠状態ゆえに特別の脆弱性が明白な又は依存性が明白な又は行為者がそれを認識する人になしたとき、ⅳ）経済的又は社会的状態の不安定による特別の脆弱性又は依存性が明白な又は行為者がそれを認識する人になしたとき、ⅴ）正犯又は共犯として行為する複数の人により犯されたとき。
※第222－33条Ⅰでは、「反復的」な行為を対象としていますが、同Ⅱでは性的な行為を強要するなどの「重大な圧力形態を行使する行為」は、反復性の有無は問わずセクハラに該当するとされています。また、同Ⅲでは、特に

等に関する民事裁判を中心にセクハラに関する法理が形成されており、またセクハラの態様によっては刑事罰の対象ともなりえます（強制わいせつ罪〈刑法第176条〉、強制性交罪〈第177条〉等）。そのため、日本では主に「人格権アプローチ」によりセクハラに関する問題を把握していると考えられています。人格権アプローチと性差別アプローチは排他的な関係にあるわけではないため、今後法制度の検討を行うにあたっては、性差別アプローチの観点も踏まえ検討する必要があると思われます。

世界的にも「#MeToo」運動が広がりをみせる等、ハラスメントに対する機運が高まっており、国内外において大きな転換期を迎えています。

日本では、セクハラに関する法整備の動きが進む一方で、麻生太郎氏が「セクハラ罪という罪はない」と発言をしたように、セクハラそのものを禁止する包括的な規制はありません。また、日本では、欧米諸国に比べてセクハラ訴訟で認められる賠償額が低い傾向にあり、企業リスクの認識が欧米諸国に比べて低いのではないかという懸念もあります。

日本でも現在、セクハラ加害者に対して刑事罰による制裁を科すことや損害賠償の請求の根拠を法律で新たに設けることについて、その必要性も含め、中長期的に検討がなされている状況にあります。もっとも、刑事罰を科す際には、罪刑法定主義の観点から構成要件の明確化の問題、また損害賠償の規定を新設する際には、現在の各法令等との関係の整理、法的救済のア悪質な行為を列挙し、より重い法定刑を定めています。

第２２５－１－１条　セクシュアル・ハラスメント行為を受けたこと若しくは受けることを拒絶したこと又はかかる行為を証言したことを理由とする差別は、３年の拘禁及び４万５千ユーロの罰金に処する。

※第２２５－１－１条では、セクハラに従ったこと、若しくは従わなかったこと、又はかかる行為を証言したことによる差別を刑罰の対象としています。

＊17　前掲注10・16頁　労働法典【抜粋】

第Ｌ．１１４２－２－１条　何人も、人の尊厳を侵害する又は脅迫的、敵対的、下劣的、屈辱的、若しくは不快な環境を創り出す目的若しくは効果を有する人の性に関わるあらゆる言動と定義される性差別的言動を受けてはならない。

※「人の性に関わるあらゆる言動」を対象としており、セクハラのほか、ジェンダー・ハラスメントも含むものと考えられます。

第Ｌ．１１５３－１条　自己又は他人の利益のために、性的行為を得るいかなる人のハラスメント行為も禁止される。

第Ｌ．１１５３－２条　いかなる労働者も、採用、企業内研修又は企業内教育の応募者も、セクシュアル・ハラスメント行為を受けたこと又は拒絶したことを理由として、懲戒され、解雇され、又は、とくに、賃金、教育、格付、配属、資格、職階、昇進、異動又契約更新について、直接的若しくは間接的な差別措置の対象とされてはならない。

第Ｌ．１１５３－３条　いかなる労働者も、セクシュアル・ハラスメント行為を証言したこと又は供述したことを理由として、懲戒され、解雇され、又は差別措置の対象とされてはならない。

第Ｌ．１１５３－４条　第Ｌ．１１５３－１条乃至第Ｌ．１１５３－３条の規定に違反する規定及び行為は無効とする。

第Ｌ．１１５３－５条　使用者は、セクシュアル・ハラスメント行為の防止に必要な措置を講じるものとする。

第Ｌ．１１５３－６条　セクシュアル・ハラスメント行為を行った労働者は懲戒処分される。

第Ｌ．１１５５－２条　第Ｌ．１１５２－１条（本文略）及び第Ｌ．１１５３－１条に定めるモラル・ハラスメント及びセクシュアル・ハラスメントの行為は、１年の拘禁及び３７５０ユーロの罰金に処する。

プローチ方法、違法となる行為の要件の明確化の問題などの多くの課題があり、総合的な検討を進めていかなければなりません。

※第L．1153－3条では、セクハラ行為の証言等による不利益取り扱いを禁止し、第L．1153－5条では、使用者に対して、セクハラ防止の措置義務を課しています。

＊18　前掲注10・23、24頁

LABOR LAW 2

パワーハラスメント

パワーハラスメント（以下、「パワハラ」といいます）という言葉は、欧米諸国が発祥のものではなく、日本独自のものです。日本のコンサルティング会社である株式会社クオレ・シー・キューブ（代表取締役岡田康子氏）により生み出された造語（和製英語）であり、2003年頃に、「主に職場を舞台として行われ、『権力』を背景に行われることが多いこと、すなわち『パワー』による『ハラスメント』であることから、この現象を『パワーハラスメント』と名づけ」[*1]られました。

■諸外国との比較

諸外国においてはパワハラという言葉ではありませんが、職場によるいじめという観点から

＊1　岡田康子、稲生和泉『パワーハラスメント（第2版）』（日経文庫、2018年）41頁

は世界的にも問題化されており、1993年にスウェーデンで雇用環境規則[*2]として法制化されたことをはじめとし、欧州諸国[*3]で職場いじめ[*4]を防止する法的規制が行われるようになりました。

一方で、日本では、男女雇用機会均等法によりセクハラ対策については規定がされたものの、パワハラ対策についてては法的な規定がなく、欧米諸国と比べて取組みが遅い状況にありました。

また、都道府県労働局の総合労働相談コーナーに寄せられる労働相談のなかで「いじめ・嫌がらせ」の相談件数は、2004年（平成16年）は約6600件でしたが、2011年（平成23年）には約4万5900件にまで増加し、民事上の個別労働紛争・相談内容別件数の15・1％を占めるに至りました。[*5]

■「職場のパワーハラスメントの予防・解決に向けた提言」について

こういった状況のなかで、厚生労働省は、2011年7月から「職場のいじめ・嫌がらせ問題に関する円卓会議」を開催し、労使、有識者及び政府によって、パワハラの定義や行為類型等に関する検討を行いました。そして、2012年（平成24年）1月30日「職場のいじめ・嫌がらせ問題に関する円卓会議ワーキング・グループ報告」が公表され、同年3月には「職場のパワーハラスメントの予防・解決に向けた提言」が取りまとめられました。

＊2　スウェーデンでは、「雇用環境規則により、使用者に対して、職場いじめ（個別の被用者に対し、攻撃的な方法により直接的に、繰り返し行われる、非難されるべき、又は明らかに敵対的な行為であり、それらの被用者を職場の共同体から排除する結果を生じさせる行為）を予防するための活動を計画し、組織する義務を課している。」（厚生労働省「職場のパワーハラスメント防止対策についての検討報告書」（平成30年3月）（以下、「パワハラ検討報告書」といいます）9頁

＊3　フランスでは、「労働法典により、使用者に対して、モラルハラスメント（労働者の権利及び尊厳を侵害し身体的若しくは精神的健康を損なわしめ、又はその職業的将来を危うくさせるおそれのある、労働条件の毀損を目的とし、又はそのような結果をもたらす精神的ハラスメントの反復した行為）の防止策を講じる義務を課している。」ベルギーでは、「労働における暴力、モラルハラスメント又はセクシュアルハラスメントに対する保護に関する法律により、使用者に対して、労働におけるモラルハラスメント（企業や施設の外部あるいは内部において、とりわけ行動、言辞、脅迫、行為、身振り及び一方的な書き付けによって表現され、労働の遂行の際に、労働者の人格、尊厳あるいは肉体的あるいは心理的な統合性を損なうことを目的とするあるいはそのような効果をもたらし、その雇用を危険にさらし若しくは威嚇的な、敵対的な、品位を貶める、屈辱的なあるいは攻撃的な環境をもたらすあらゆる性質の、一定の時間生じている、類似のあるいは種々の濫用的な複数の行為）の防止のための適切な職場配置等の措置義務を課している。」（「パワハラ検討報告書」・9頁、10頁

＊4　「欧米では、『ハラスメント』よりも職場の『いじめ』と捉えられることが多く、mobbingやbullingなどの言葉がよく用いられる。』（九州大学基幹教育院・入江正洋「職場のパワーハラスメント：現状と対応」（『健康科学Vol．37』、九州大学健康科学編集委員会2015年3月26日））

＊5　その後も、件数が増加し、2012年には、前年まで1位であった「解雇」の相談件数を抜き、2018年には約8万2800件まで増え（民事上の個別労働紛争・相談内容別件数の25・6％を占める）、過去最高を更新し続けています（厚生労働省『「平成30年度個別労働紛争解決制度の施行状況」を公表します』別添資料2「平成30年度個別労働紛争解決制度の運用状況」3頁、5頁）。

かかるワーキング・グループ報告や提言のなかでは、職場のパワーハラスメントの定義や行為類型について以下のように整理しています。

【定義】

職場のパワーハラスメントとは、同じ職場で働く者に対して、職務上の地位や人間関係などの職場内の優位性を背景に、業務の適正な範囲を超えて、精神的・身体的苦痛を与える又は職場環境を悪化させる行為をいう。

【行為類型】

①暴行・傷害（身体的な攻撃）
②脅迫・名誉毀損・侮辱・ひどい暴言（精神的な攻撃）
③隔離・仲間外し・無視（人間関係からの切り離し）
④業務上明らかに不要なことや遂行不可能なことの強制、仕事の妨害（過大な要求）
⑤業務上の合理性なく、能力や経験とかけ離れた程度の低い仕事を命じることや仕事を与えないこと（過少な要求）
⑥私的なことに過度に立ち入ること（個の侵害）

■法制化への機運の高まり

上記提言を受けて、厚生労働省は啓発用ポータルサイト「明るい職場応援団」を開設、啓発用ポスター、パンフレット、リーフレットを作成し、全国に配布する等、広報活動に取り組んできました。また、労使の具体的な取組の促進等のため企業向けのセミナーの開催や対策ハンドブック、マニュアル等の作成も行ってきました。

しかし、都道府県労働局における職場の「いじめ・嫌がらせ」の相談件数が年々増加している状況は変わらず、働き方改革実行計画（2017年3月28日　働き方改革実現会議決定）においても、「職場のパワーハラスメント防止を強化するため、政府は労使関係者を交えた場で対策の検討を行う」とされました。そして、これを受け、「職場のパワーハラスメント防止対策についての検討会」が開催され、パワハラ対策を抜本的に強化するため法制化に向けての議論が進められました。

■パワハラ防止対策の初の法制化

かかる機運の高まりを受け、2019年（令和元年）5月29日、職場のパワハラ防止対策を含んだ改正労働施策総合推進法[*6]が成立し、同年6月5日に公布されました（2020年6月1日施行）。

今までパワハラの定義や防止措置を定めた法律は定められていませんでしたが、今回の改正により、パワハラの定義が明記されるとともに、事業主に対してパワハラに関する防止措置をとることを義務付ける規定（いわゆる措置義務）が初めて法制化されることとなりました（労働施策総合推進法第30条の2第1項）。

また、2020年1月15日には、「事業主が職場における優越的な関係を背景とした言動に起因する問題に関して雇用管理上講ずべき措置等についての指針」（以下、「パワハラ指針」といいます）が定められ、職場におけるパワハラの具体的な内容や、事業主が職場における優越的な関係を背景とした言動に起因する問題に関し雇用管理上講ずべき措置の内容等を以下のように整理しています。

【内容（定義）】

職場における パワーハラスメントは、職場[*7]において行われる①優越的な関係を背景とした言動であって、②業務上必要かつ相当な範囲を超えたものにより、③労働者[*8]の就業環境が害されるものであり、①から③までの要素を全て満たすものをいう。

なお、客観的にみて、業務上必要かつ相当な範囲で行われる適正な業務指示や指導については、職場におけるパワーハラスメントには該当しない。

①「優越的な関係を背景とした」言動とは、当該事業主の業務を遂行するに当たって、当

該言動を受ける労働者が当該言動の行為者とされる者（以下、「行為者」という。）に対して抵抗又は拒絶することができない蓋然性が高い関係を背景として行われるものを指す。[*9]

②「業務上必要かつ相当な範囲を超えた」言動とは、社会通念に照らし、当該言動が明ら

＊6 「女性の職業生活における活躍の推進に関する法律等の一部を改正する法律」（令和元年法律第24号）により、「労働施策の総合的な推進並びに労働者の雇用の安定及び職業生活の充実等に関する法律」（労働施策総合推進法）（昭和41年法律第132号）の一部が改正されました。

＊7 「職場」とは、事業主が雇用する労働者が業務を遂行する場所を指し、当該労働者が通常就業している場所以外の場所であっても、当該労働者が業務を遂行する場所については、「職場」に含まれます。

＊8 「労働者」とは、いわゆる正規雇用労働者のみならず、パートタイム労働者、契約社員等いわゆる非正規雇用労働者を含む事業主が雇用する労働者の全てをいいます。

＊9 パワハラ指針では、①の要素について、以下の例示があります。

・職務上の地位が上位の者による言動
・同僚又は部下による言動で、当該言動を行う者が業務上必要な知識や豊富な経験を有しており、当該者の協力を得なければ業務の円滑な遂行を行うことが困難であるもの
・同僚又は部下からの集団による行為で、これに抵抗又は拒絶することが困難であるもの

かに当該事業主の業務上必要性がない、又はその態様が相当でないもの[*10]を指す。

（判断基準）

この判断に当たっては、様々な要素（当該言動の目的、当該言動を受けた労働者の問題行動の有無や内容・程度を含む当該言動が行われた経緯や状況、業種・業態、業務の内容・性質、当該言動の態様・頻度・継続性、労働者の属性や心身の状況、行為者との関係性等）を総合的に考慮することが適当である。また、その際には、個別の事案における労働者の行動が問題となる場合は、その内容・程度とそれに対する指導の態様等の相対的な関係性が重要な要素となることについても留意が必要である。

③「労働者の就業環境が害される」とは、当該言動により労働者が身体的又は精神的に苦痛を与えられ、労働者の就業環境が不快なものとなったため、能力の発揮に重大な悪影響が生じる等当該労働者が就業する上で看過できない程度の支障が生じることを指す。

（判断基準）

この判断に当たっては、「平均的な労働者の感じ方」、すなわち、同様の状況で当該言動を受けた場合に、社会一般の労働者が、就業する上で看過できない程度の支障が生じたと感じるような言動であるかどうかを基準とすることが適当である。

また、上記ワーキング・グループ報告や提言における行為類型と同様の典型的な言動の類型を示したうえ、パワハラに該当すると考えられる例と該当しないと考えられる例について、具体例[*11]を示しています。

＊10　パワハラ指針では、②の要素について、以下の例示があります。
・業務上明らかに必要性のない言動
・業務の目的を大きく逸脱した言動
・業務を遂行するための手段として不適当な言動
・当該行為の回数、行為者の数等、その態様や手段が社会通念に照らして許容される範囲を超える言動

＊11　パワハラ指針の記載例：精神的な攻撃（脅迫・名誉棄損・侮辱・ひどい暴言）
・該当すると考えられる例
①人格を否定するような言動を行うこと。相手の性的指向・性自認に関する侮辱的な言動を行うことを含む。
②業務の遂行に関する必要以上に長時間にわたる厳しい叱責を繰り返し行うこと。
③他の労働者の面前における大声での威圧的な叱責を繰り返し行うこと。
④相手の能力を否定し、罵倒するような内容の電子メール等を当該相手を含む複数の労働者宛てに送信すること。
・該当しないと考えられる例
①遅刻など社会的ルールを欠いた言動が見られ、再三注意してもそれが改善されない労働者に対して一定程度強く注意をすること。
②その企業の業務の内容や性質等に照らして重大な問題行動を行った労働者に対して、一定程度強く注意をすること。

【雇用管理上講ずべき措置の内容】（**筆者整理**）

①事業主の方針等の明確化、及びその周知・啓発

・パワハラの内容及びパワハラを行ってはならない旨の方針の明確化、周知・啓発

・行為者への対処方針・対処内容（懲戒等）の就業規則等への規定、周知・啓発

②相談等に適切に対応するために必要な体制の整備

・相談窓口の設置、労働者への周知

・相談窓口の担当者による適切な相談対応の確保

③事後の迅速かつ適切な対応

・事実関係の迅速かつ正確な確認

・被害者に対する配慮のための適正な実施（メンタルヘルス不調への相談対応等）

・行為者に対する対応（懲戒、配置転換、謝罪等）の適正な実施

・再発防止に向けた対応の実施

④①～③と併せて講ずべき措置

・相談者・行為者等のプライバシーを保護するために必要な対応、周知

・パワハラの相談・事実確認への協力等を理由とした不利益取扱いの禁止、周知・啓発

【望ましい取組の内容】（**筆者整理**）

①パワハラの問題に関して望ましい取組の内容
・他のハラスメントと一元的に相談に応じることのできる体制の整備
・コミュニケーションの活性化、円滑化のための研修等の実施
・適正な業務目標の設定等の職場環境の改善のための取組
②自ら雇用する労働者以外の者に対する言動に関して行うことが望ましい取組の内容
③他の事業主が雇用する労働者等からのパワハラや顧客等からの著しい迷惑行為に関して行うことが望ましい取組の内容
・相談及び適切な対応のために必要な体制の整備
・被害者配慮のための取組（メンタル不調への相談対応等）
・③の被害防止のための取組（対応マニュアルの作成や研修の実施等）

パワハラの定義や防止措置が初めて法制化され、企業には、パワハラ指針に沿った対応が求められます。今回の法制化では、パワハラの行為者に対する罰則等の規定はありませんが、企業が雇用管理上講ずべき措置の不備等について、是正勧告を受けたにもかかわらず、それに従わなかった場合には公表の対象となります（労働施策総合推進法第33条2項）。また、雇用管理上講ずべき措置の実施状況等について報告を求めることができ、それに対して報告をせず、または、虚偽の報告をした場合には20万円以下の過料の対象となります（労働施策総合推進法

第36条、第41条）。

■国際労働機関初の国際労働基準の策定、今後の課題

２０１９年（令和元年）６月21日、国際労働機関（ＩＬＯ）は第１０８回総会において、仕事の世界における暴力とハラスメントの撤廃に関する初の国際労働基準の策定について議論が行われ、「仕事の世界における暴力及びハラスメントに関する条約」が賛成多数で採択されました。

性暴力やセクハラを告発する「#MeToo」運動や、女性に限らず、すべての働く人に対する暴力やハラスメントをなくそうとする、ハラスメント全般に関する国際意識の高まりがその背景にあります。

同条約の内容は、職場での暴力やハラスメントを法律で禁じることを義務付けており、被害者を救済・支援することを求めています。また、必要に応じて、制裁を設けることも求めています。さらに、対象になる者として労働者に加え、インターンやボランティア、求職者、クライアントや顧客等も広く対象としています。

今後、国際労働機関（ＩＬＯ）の加盟国はそれぞれ条約を批准するか検討をすることになります。批准した国は、同条約に沿った国内法を整備していくことが求められます。

日本では、パワハラに関する法制化がなされましたが、同条約の内容と比較するとパワハラ

行為そのものの禁止規定や罰則が盛り込まれていない、保護対象が限定的である等、批准するとなるとさらなる法改正が必要となります。

また、パワハラに関する法制化等により、パワハラの定義やパワハラ指針によりパワハラに該当すると考えられる例と該当しないと考えられる例が示されてはおりますが、パワハラ指針のパワハラの判断基準に示されているように「様々な要素（当該言動の目的、当該言動を受けた労働者の問題行動の有無や内容・程度を含む当該言動が行われた経緯や状況、業種・業態、業務の内容・性質、当該言動の態様・頻度・継続性、労働者の属性や心身の状況、行為者との関係性等）を総合的に考慮」しなければ判断できないものであり、どこまでが業務上の指導の範囲であるのか、依然としてパワハラか否かの線引きについては明確ではありません。

パワハラをなくしていかなければならないのはもちろんですが、一方で適切な業務指導が萎縮する事態も避けなければなりません。

そのため、雇用管理上講ずべき措置を取るにあたって、具体的にどういった言動が適切であるか、まずは個々の企業内において労使でハラスメント認識の共有化を図る必要があります。

LABOR LAW 3

安全配慮義務

■日本民法典における安全配慮義務規定の欠如

労契法第5条には、「使用者は、労働契約に伴い、労働者がその生命、身体等の安全を確保しつつ労働することができるよう、必要な配慮をするものとする。」と、使用者の労働者の安全を確保するために必要な配慮をする義務、いわゆる安全配慮義務が規定されています。しかし、この条文が置かれたのは2007年（平成19年）[*1]のことであり、労契法はおろか、民法典にも安全配慮義務規定は置かれていなかったのです。[*2]ところで、日本民法とドイツ統一民法と同一時期[*3]に公布・施行されています。ドイツ統一民法においては、当初より労働者の生命および健康を危険から保護する義務[*4]が規定されていましたが、日本民法にはこのような規定が置かれていません。

なぜ、日本民法にはドイツ統一民法のような安全規定が置かれなかったのでしょうか。

中央大学の白羽教授の研究によると、「SPD[*5]は、一八九一年のエルフルト綱領で僕婢条例の廃止をかかげていたし、またドイツ民法典制定時にマルクス主義政党が議会内にかなりの議席（一八九三年には四四議席）をもっていたという事実自体は、日本と比較してまことに注目すべき事態である。そしてまたこの事実が、ドイツ帝国をして民法典の中に労働者保護条項を挿入せざるをえなかった要因の一つでもあった。」[*6]と、ドイツ統一民法制定時の政治的背景を指摘します。一方、日本民法制定時、日本にはドイツと異なり社会主義政党が皆無でした。[*7]それればかりか、日清戦争以降広がっていた労働運動を取り締まるべく１９００年（明治33年）に

＊1　平成19年12月5日法律第１２８号
＊2　なお、現行日本民法にも安全配慮義務規定は置かれていません。
＊3　日本民法もドイツ統一民法も１８９６年に公布されています。
＊4　ドイツ統一民法６１８条1項は「使用者は、労務給付の性質が許す限りにおいて、彼が労務の遂行のために供与すべき領域、設備、器具を設置・維持するにあたり、また自己の指示または指導の下に遂行さるべき労務給付を規律するにあたり、それらを被用者が生命・健康の危険から保護されるように行わなければならない」と定められています。高橋眞『安全配慮義務の研究』（成文堂、１９９２年）１３６頁
＊5　ドイツ社会民主党
＊6　白羽祐三『安全配慮義務法理とその背景』（中央大学出版部、１９９４年）21頁
＊7　日本民法施行後の１９０１年（明治34年）に「社会民主党」が結成されたものの、治安警察法により禁止されました。また、１９０６年（明治39年）には日本社会党が結成されたものの、やはり治安警察法により結社が禁止されました。

制定された治安警察法[*8]に象徴されるように、労働者保護政策が容認され難い背景があったのです。

■高度経済成長に伴う労働災害の急増と下級審裁判例の登場

戦前においては、労災事件が裁判となることはあったものの[*9]、もっぱら土地工作物責任（民法第717条）の成否の文脈において問題となったにすぎず、安全配慮義務に言及されたものはありませんでした。

戦後、高度経済成長に伴い鉱業、港湾、林業、建設、運輸業等で労働災害が急激に増加しました。1961年（昭和36年）には、労働災害で年間170万人の労働者が死傷しています[*10]。2017年（平成29年）の労働災害による死傷者数が12万0460人であること[*11]を踏まえると、当時の労働災害死傷者数がいかに驚異的なものかがわかります。

このように労働災害が急増するなか、昭和47年11月24日、福岡地裁小倉支部において使用者の安全配慮義務を認める裁判例[*12]が現れました。この裁判例は、貨物船で従事する港湾労働者が、作業中に船内に積荷されていた巻取用紙（直径1・03メートルの円筒状）の上から降りようとしたところ、誤って船底に転落し負傷したという事例において、「被告には本件作業現場の状況下にあっては、使用者として作業員が用紙の天端から作業現場へ到達するために可搬用タラップあるいは縄梯子など梯子類の通行設備を設けるべき労働契約上の安全保証義務があると解すべきである。」「右事故の発生自体は、被告が安全通行設備の設置を怠ったことにより、原告が用紙の天端から船底へ伝い降りるという方法を採ることを余儀なくされたことに起因するものであるから、その余の争点について判断するまでもなく、被告は原告を安全に就労せしめなかった債務不履行により原告の蒙った損害を賠償する責任がある。」として、使用者が適当な設備を設けるべき「労働契約上の安全保証義務」を認め、使用者に損害賠償責任があることを認めました。このようにして、当初は「安全保証義務」という名で、使用者に労働契約上の債務として安全配慮義務があることが肯定されたのです。

その後も下級審裁判例においては、「安全配慮義務」という用語こそ用いないものの、労働契約上の債務として労働者を危険から保護すべき義務を肯定した例が複数登場します。東京地方裁判所の昭和47年11月30日判決[*13]では、ハンマーで炉壁を叩きつつ炉壁内部の耐火煉瓦の消耗

＊8　法36号
＊9　労働者が機械に巻き込まれ死亡した案件について、大判大元年12・6（民録18・1022）
＊10　第68回国会衆議院社会労働委員会議録第14号（昭和47年4月12日）
＊11　厚生労働省労働基準局安全衛生部安全課「平成29年労働災害発生状況の分析等」（平成30年5月30日）
＊12　福岡地裁小倉支部昭和47年11月24日・判タ289号273頁
＊13　東京地判昭和47年11月30日・判タ288号267頁

度等を点検する作業に従事していた労働者の頭部に炉上部より銑鉄塊が落下し労働者が頭蓋骨亀裂骨折等の傷害を負った事例について、裁判所は「雇傭契約は、労務提供と報酬支払をその基本的内容とする双務有償契約であるが、通常の場合、労働者は、使用者の指定した労務給付場所に配置され、同じく使用者の提供による設備、機械、器具等を用いて労務給付を行うものであるから、雇傭契約に含まれる使用者の義務は、単に報酬支払に尽きるものではなく、右の諸施設から生ずる危険が労働者に及ばないよう労働者の安全を保護する義務も含まれているものといわなければならない。」と一般論を述べたうえ、「本件の場合、使用者たる被告は、原告に対し、熔解炉内壁の調査作業において通常予測される落下物の衝撃に耐え得る程度の強度を有するヘルメットその他の保護帽を備え付け、これを着用させるべき義務を負担しているものと解するのが相当であるところ、証拠によれば、被告は、右に説示したヘルメット等の保護帽を備え付けず、着用もさせていなかつたことが認められるから、被告は、原告に対する雇傭契約上の保護義務を履行しなかつたものといわざるを得ない。」として、「保護義務」という形で使用者に安全配慮義務があることを肯定しました。

プレス作業に従事していた労働者の手首が切断された事例につき、前橋地方裁判所の昭和49年3月27日判決[*14]では、やはり一般論として諸施設から生ずる危険が労働者に及ばないように労働者の安全を保護する義務[*15]を肯定したうえで、使用者の安全配慮義務違反を認定し損害賠償支払いを命じました。

このようにして、昭和40年代後半において、今日における「安全配慮義務」の下地が下級審裁判例において形成されていったのです。

■自衛隊基地内での車両事故で確立した「安全配慮義務」

ここまでにみてきたように、下級審裁判例ではすでに昭和40年代に「安全配慮義務」の下地が形成されていました。そして昭和50年2月25日、自衛隊基地内の事故をめぐり、安全配慮義務の法理を認める最初の最高裁判決が出されました。

＊14　前橋地判昭和49年3月27日・判時748号119頁

＊15　「労働契約は基本的には労働者が使用者に対して労務に服すことを約し、これに対して使用者が報酬を支払うことを約す双務有償契約であるが、労働者は使用者の指揮に服しその指定した労務給付場所に配置され、使用者の提供する設備、機械、器員等を用いて労務供給を行うものであり且つ信義を守るべき義務があるから、これに対応し右労務契約に含まれる使用者の義務は単に右報酬支払義務に尽きるものではなく、右の諸施設から生ずる危険が労働者に及ばないように労働者の安全を保護するし義務も含まれているものといわなければならない。けだし、右のように労働基準法等が安全及び衛生について使用者の遵守すべき事項を定めたのは、もとより直接には国に対する公法上の義務というべきであるが、使用者が右義務を尽さなければならないことは、更には労働者としても充分生命身体に危険が生ぜず安全に就労しうることを期待して労働契約を締結するものであり、且つ使用者としても右のような安全を労働者に対して保証したものとみるのが相当であるからである。」

【事案の概要】

昭和40年7月13日、自衛隊八戸駐屯地方第九武器隊車両整備工場内で自衛隊員が車両整備をしていたところ、他の自衛隊員が運転する大型自動車の後輪で頭部を轢かれ、当該自衛隊員が即死した事案。昭和44年10月6日、死亡した自衛隊員の両親が原告となり、国を相手取り損害賠償訴訟を提起した事例。

【最判昭和50年2月25日・民集29巻2号143頁　判決要旨】

「安全配慮義務は、ある法律関係に基づいて特別な社会的接触の関係に入つた当事者間において、当該法律関係の付随義務として当事者の一方又は双方が相手方に対して信義則上負う義務として一般的に認められるべきものであつて、国と公務員との間においても別異に解すべき論拠はな」いとして、国の安全配慮義務の存在を認め、原判決を破棄し東京高裁に差し戻した。

本判決の第一審判決[*16]では国の消滅時効の抗弁が肯定され、原告らの請求は棄却されました。また、本判決の原審判決[*17]においては、被災自衛官遺族側は国の消滅時効の抗弁は権利濫用にあたることや安全配慮義務違反等を主張したものの、いずれの主張も排斥されやはり国側の勝訴となりました。ところが、上告審の最高裁では、前述のように安全配慮義務違反が肯定されたのです。

本件で安全配慮義務が認められなければ原告らが救済されない事情がありました。すなわち、不法行為責任は加害者と損害の発生を知ったときから3年の短期消滅時効が定められているため（民法第724条）、本件において訴訟提起時には既に不法行為に基づく損害賠償請求権が時効消滅していたのです。本件訴訟提起が事故から3年経過よりも後になされた理由として、原告である被災自衛官遺族らは国家公務員災害補償法に基づく遺族補償年金以外の金銭受給はできないものと認識していたという背景があったようです。もし、安全配慮義務違反による請求が認められる場合、不法行為とは異なり当時の民法の原則どおり消滅時効は10年（民法第167条1項）となり、本件の損害賠償請求権は訴訟提起時において未だ時効消滅していないことになり、被災者側の救済を図ることができるのです。

このようにして、安全配慮義務を肯定する日本で最初の最高裁判例が登場しました。

次々と登場する自衛隊関連の安全配慮義務判決

前述の昭和50年最高裁判決を皮切りに、以降自衛隊での事故について安全配慮義務を肯定す

＊16　東京地判昭和46年10月30日
＊17　東京高判昭和48年1月31日

る最高裁裁判例が続出しました。１９８１年（昭和56年）のヘリコプターに搭乗して人員及び物資輸送の任務に従事する自衛隊員に対してヘリコプターの飛行の安全を保持し危険を防止するためにとるべき措置についての立証責任は原告側にあるとした事例、[*18]昭和58年の自衛隊の自動車の運転者が運転上の注意義務を怠ったことにより生じた同乗者の死亡事故と国の同乗者に対する安全配慮義務違反の成否が争われた事例、[*19]昭和61年の陸上自衛隊の駐とん地に制服等を着用し幹部自衛官及びその随従者を装って侵入した過激派活動家により動哨勤務中の自衛官が刺殺された事故につき国に安全配慮義務の不履行に基づく損害賠償責任があるとされた事例[*20]は、いずれも一般論として国が自衛官との関係で安全配慮義務を負うことを前提として判断がなされています。

■なぜ自衛隊関連判決が頻発したのか

なぜ、ここまで安全配慮義務違反に言及する自衛隊関連の最高裁判例が続出したのでしょうか。

前述の昭和50年最高裁判決が登場するまで自衛隊関係の訴訟が登場しなかった事情として、白羽教授は「その理由は、死亡自衛隊員の遺族が私法上の損害賠償の請求ができないと思っていたからである。というよりは、国（自衛隊）側から『お上《かみ》から頂戴した』補償金以外は請求できないと思わされていたのである。」[*21]と指摘します。すなわち、昭和50年最高裁判決上告理由によると、当時の自衛隊遺族会陸上部会会誌に法律に基づく補償や手当以外の支給は行えない旨の記事が掲載されていた旨が述べられており、自衛隊員遺族の一般的な認識として補償の範囲を超える請求を国に対して行うという発想がなかったようです。また、白羽教授は昭和50年最高裁判決の訴訟において原告が訴え提起に至った理由として、「遺族補償金が余りにも低額（七六万円）であった」[*22]ことも指摘します。

このような背景事情のもと、昭和50年最高裁判決が広く知られることにより、「泣き寝入り」しかけていた自衛隊員遺族が次々と国に対し訴訟提起を行うようになったのです。

■安全配慮義務法理の「独り歩き」——安全配慮義務違反の拡大——

自衛隊内での事故に関連して頻発した最高裁裁判例では国が自衛隊員に対して負う安全配慮義務について判断されたものですが、安全配慮義務の存在は官民問わず使用者・労働者との間

＊18　最判昭和56年2月16日
＊19　最判昭和58年5月27日
＊20　最判昭和61年12月19日
＊21　白羽祐三『安全配慮義務法理とその背景』（中央大学出版部、1994年）195頁
＊22　前掲注21・197頁

に認められてきました。

裁判で認定された使用者が負う安全配慮義務の具体的内容は、ヘリコプターの部品の性能を保持し機体の整備を十分に行う義務、[*23]車両の整備を十分に行い車両の運転者に十分な技術を持つ者を選任する義務、[*24]宿舎への外部からの侵入防止の物理的設備を十分に施しかつ宿直者の安全教育を行う義務、[*25]営門の出入管理を十分にする義務等[*26]のように、物理的環境・人的環境を整備する義務に言及するものが主たるものでした。

ところが、この物理的・人的環境を整備する義務が、過重労働を防止する義務に変容し、労働者が自殺した事案にまで射程が及ぶようになります。

東加古川幼稚園事件[*27]では、幼稚園を退職してから約1か月後にうつ状態で自殺した保母の死亡と園の過酷な勤務条件との間に相当因果関係があるか否かが問題となりました。この裁判例においては、園が従業員である当該保母の仕事の内容につき通常なすべき配慮を欠いていたものとして、園の安全配慮義務違反が肯定されました。このように、物理的・人的環境を整備する義務であった安全配慮義務違反が、労働者を過酷な労働にさらさないこと（「通常なすべき配慮」をすること）をも対象とし、これに違反した場合には労働者の直接の死因が自殺であったとしても使用者の責任が肯定され得ることが明らかにされました。

もっとも、この東加古川幼稚園事件では、業務の過酷さから業務とうつ状態の因果関係を認めたうえで園側に安全配慮義務違反を認定したものの、当該保母がうつ状態に陥って自殺するに至ったのは多分に当該保母の性格や心因的要素によるところが大きいとして、過失相殺により損害額の8割が減額され、2割のみが認定されました。この点が、次に述べる電通事件の最高裁判決と異なる点です。

電通事件[*28]では、長時間にわたる残業を恒常的に伴う業務に従事していた労働者がうつ病に患し自殺した事案について、会社に対する損害賠償請求が認定されました。この裁判例は直接には安全配慮義務違反ではなく使用者責任（民法第715条）が適用された事案ではあるものの、「使用者は、その雇用する労働者に従事させる業務を定めてこれを管理するに際し、業務の遂行に伴う疲労や心理的負荷等が過度に蓄積して労働者の心身の健康を損なうことがないよう注意する義務を負うと解するのが相当であり、使用者に代わって労働者に対し業務上の指揮監督を行う権限を有する者は、使用者の右注意義務の内容に従って、その権限を行使すべきで

＊23　最判昭和58年5月27日・民集37巻4号477頁
＊24　最判昭和58年12月6日・労経速1172号5頁
＊25　最判昭和59年4月10日・民集38巻6号557頁
＊26　最判昭和61年12月19日・労判487号7頁
＊27　大阪高判平成10年8月27日・労判744号17頁
＊28　最判平成12年3月24日・民集54巻3号1155頁

ある」と認定し、使用者が安全配慮義務を負っていることを前提に判断を行っている点で、安全配慮義務の検討においても参照されています。

電通事件と前述の東加古川幼稚園事件とは、いずれも過酷な労働を行っていた労働者が自殺をしたという事例ではあるものの、過失相殺の判断において真逆の判断を行っています。東加古川幼稚園事件では、前述のように自殺した保母の過失を8割とし、損害の2割のみを認定しています。一方、電通事件においては「企業等に雇用される労働者の性格が多様のものであることはいうまでもないところ、ある業務に従事する特定の労働者の性格が同種の業務に従事する労働者の個性の多様さとして通常想定される範囲を外れるものでない限り、その性格及びこれに基づく業務遂行の態様等が業務の過重負担に起因して当該労働者に生じた損害の発生又は拡大に寄与したとしても、そのような事態は使用者として予想すべきものということができる。」「労働者の性格が前記の範囲を外れるものでない場合には、裁判所は、業務の負担が過重であることを原因とする損害賠償請求において使用者の賠償すべき額を決定するに当たり、その性格及びこれに基づく業務遂行の態様等を、心因的要因としてしんしゃくすることはできない」とし、当該事案における過失相殺を否定して損害の10割の支払いを命じました。

このように、安全配慮義務は、物理的・人的環境を整備する義務から、過重労働防止義務にまで拡大され、その射程は労働者の自殺が介在している場合にも及ぶようになったのです。

■30年以上もの間「不文法」だった安全配慮義務の明文化

安全配慮義務は前掲の昭和50年判決によって認められたものですが、あくまで「当該法律関係の付随義務として当事者の一方又は双方が相手方に対して信義則上負う義務」として認められたものであり、法律の条文に書かれたものではありませんでした。

安全配慮義務が初めて立法化されたのは、昭和50年判決から30年以上経過した後の労契法[*29]制定時です。

労契法第5条では、「使用者は、労働契約に伴い、労働者がその生命、身体等の安全を確保しつつ労働することができるよう、必要な配慮をするものとする。」と、昭和50年判決をはじめとする安全配慮義務の判例法理を踏襲した内容が定められました。

■安全配慮義務違反の今後

前述のように、安全配慮義務の守備範囲は当初は物理的・人的環境を整備する義務でしたが、過重労働防止義務にも拡大が図られてきました。

＊29　平成19年11月28日成立、平成20年3月1日施行

また、働き方改革関連法により、労働時間上限規制の立法化、管理監督者の労働時間把握義務、長時間労働者に対する面接指導等の強化等、長時間労働を抑制するための使用者の義務が整備されました。今後、これらの義務に違反したこと自体をもって、使用者の安全配慮義務違反を構成するという判断がなされる可能性は十分にあり得ると考えられます。

このように、今後、安全配慮義務の義務内容の射程は、さらに拡大・深化していくことが予想されます。

LABOR LAW

第6章

懲戒ルールが生まれるまで

LABOR LAW

懲戒処分は何をどこまでできるのか

■我が国の雇用関係において懲戒処分の必要な理由

使用者が行う解雇について厳しい制約が課せられている我が国においては、会社のルールに違反した従業員がいたからといって、その者を無条件で解雇することができるわけではありません。会社のルールに違反した従業員を雇い続けながらも企業秩序を維持していくためには、時として一定の制裁を加えることが必要となるのです。この制裁を懲戒処分といいます。

労働契約の存続を前提とする懲戒処分の典型例としては、譴責（始末書提出を伴うものを含む）、戒告、減給、降格、出勤停止等が挙げられます。また、労働契約の終了を前提とする懲戒処分としては、諭旨解雇及び懲戒解雇が挙げられます。「従業員の採用と退職に関する実態調査」[*1]によると、調査時から過去5年以内に行われた最も多い懲戒処分は「始末書の提出」（42・3%）であり、次いで「注意・戒告・譴責」（33・3%）、「一時的減給」（19%）が多く使われている懲戒処分の類型です。一方、同調査によると、労働契約の終了を前提とする懲戒処分である諭旨解雇は9・4%、懲戒解雇は13・2%であり、労働契約の存続を前提とする懲戒処分に比して使用されている場面は限定的なものといえます。

このように、我が国の懲戒処分の多くは労働契約の存続を前提とする処分であり、これは有効性判断の厳格さから解雇（普通解雇・懲戒解雇）に踏み切ることはできないことがその理由の1であると考えられます。すなわち、我が国の雇用契約における懲戒処分には、従業員が非違行為を行った際に、労働契約を維持しつつも企業秩序維持を図るという機能が期待されているとみることができます。[*2]

＊1 労働政策研究・研修機構「従業員の採用と退職に関する実態調査・労働契約をめぐる実態に関する調査（Ｉ）」、2014年、30頁

＊2 「その法益を確保する手段の不合理性、すなわち使用者の『解約の自由』の不合理性に、懲戒権承認の規範的契機があるとみざるをえないであろう。つまり、使用者に『解約の自由』を行使させることでその法益を守らせることの不合理性を考えれば、むしろ解約にいたらぬ不利益措置を承認することによって『解約の自由』の不合理性を排除することを期待しているからだといわざるをえない」（毛塚勝利「懲戒の機能と懲戒権承認の規範的契機」〈『日本労働協会雑誌No.24』、1982年〉277頁

■就業規則に記載がなければ懲戒はできない

懲戒処分は、普通解雇や配転等労働契約に包含された手段とは異なった、別個の特別な制裁罰[*3]であることから、契約上の特別の根拠が必要と解されています。具体的には、使用者が懲戒を行うためには就業規則に懲戒の事由と手段を明記していることが必要です（昭和54年10月30日最高裁判決）。

極端な例を挙げると、従業員が職場で殺人を犯したとしても、就業規則に懲戒の事由と手段が明記されていなければ使用者はいかなる懲戒処分を行うこともできないのです[*4]。

先ほどの「従業員の採用と退職に関する実態調査」によると、正規従業員規模1000人以上の会社において懲戒処分を規定していないと回答した会社は0％であるのに対し、正規従業員規模100人未満の会社において懲戒処分の規定を規定していないと回答した会社は5・5％にのぼります[*5]。このような懲戒規定を有していない会社は、従業員に懲戒処分を課すことができないため、従業員が非違行為を行った場合であっても懲戒処分以外の方法（配転、普通解雇、退職勧奨等）によって対処する他ありません。

■懲戒処分としての体罰が通用していた明治・大正時代

明治・大正期においては、使用者による労働者への懲戒処分の手段として体罰が「普通のことして通用していた。」といわれています。[*6] 具体的には、懲戒の方法として、殴打、監禁、工場内で罪状を表示しての佇立、工場内の引き回し等が用いられていました。[*7] 当然ながら、現代においてこのような懲戒を行った場合には、使用者が刑法犯に問われることはいうまでもありません。

■工場法法制下で形成された就業規則作成ルール

上述したとおり、懲戒処分は就業規則への定めがなければ行うことができません。ところで、我が国において、常時10人以上の労働者を使用する使用者に対しては、就業規則の作成・届出義務が課せられています（労基法第89条）。これは、常時50人以上の職工を使用する工場の工場主に就業規則作成・届出義務を課した工場法施行令に由来するものです。そして、工場法施

＊3　菅野和夫『労働法　第十二版』（弘文堂、2019年）702頁
＊4　なお、この場合であっても、普通解雇は懲戒処分ではないため行い得ます。
＊5　前掲注1・28頁
＊6　外尾健一『日本の労使関係と法』（信山社、2004年）134頁
＊7　農商務省商工局『綿糸紡績職工事情』（1903年）116頁以下

行令においては、現行労基法と同様、制裁の定めをする場合には、その内容を就業規則に定めなければならないことが規定されていました（工場法施行令第27条の4）。

工場法法制下において制定された企業の就業規則には、懲戒の方法として既に譴責、出勤停止、減給、懲戒解雇等、現代においてもみられる懲戒の規定がみられたようです。このような初期の懲戒規定は、戦争、終戦直後の体制下と社会情勢の変化を経たものの、「基本的な枠組みにおいては維持され」[*8]たうえで現代に至ります。

■労基法に定められた懲戒処分の規定はわずか2つ

労働基準法上、労働時間に関する定めや賃金に関する定めは複数の条文により詳細に規定されている一方、懲戒処分についての定めはわずか2つしかありません。

ひとつは、懲戒についての定めは就業規則に規定しなければならないとする、上述した工場法に由来する規定です。[*9]

2つ目は、減給処分についての定めです。労基法第91条には「就業規則で、労働者に対して減給の制裁を定める場合においては、その減給は、一回の額が平均賃金の一日分の半額を超え、総額が一賃金支払期における賃金の総額の十分の一を超えてはならない。」と、懲戒として減給処分をする際の規制が設けられています。なぜ、労基法上減給処分については明記されているる一方、他の懲戒処分（譴責処分、懲戒解雇等）については労基法上に規定がないのでしょうか。

減給処分はその額が大きすぎると、労働者の生活を脅かすことにつながります。現に、「仕事をしくじること」によって、3日働いても2日分の職工の給料が差し引かれてしまうといったこともあったようです。[*10] そのような無限定の減給がなされた場合には労働者の生活を脅かすことになりかねないため、[*11] 大正15年には工場法の解釈例規において、「減給又は過怠金は一回の過失に対し一日に付賃金の半額、総額において賃金三日分を超えざること。但し、已むを得ざる事情ある場合には五日分まで認むること。」[*12] と規定されました。そして、戦後制定された労基法においては、第91条において、減給についての制限が設けられました。労働基準法で減給についてのかかる制限を設けるということは、同制限を超えた減給の定めを労働者との個別同意や労働組合との合意のもとに定められたとして、労働基準法の強行法規制に反し無効になる

＊8　前掲注6・148頁、167頁

＊9　労基法第89条本文「常時十人以上の労働者を使用する使用者は、次に掲げる事項について就業規則を作成し、行政官庁に届け出なければならない。次に掲げる事項を変更した場合においても、同様とする。」、同条9号「表彰及び制裁の定めをする場合においては、その種類及び程度に関する事項」

＊10　籾井常喜編『戦後労働法学説史』（労働旬報社、2002年）810頁

＊11　立法趣旨につき、札幌地裁室蘭支部判決昭和50年3月14日参照

＊12　大正15年12月13日　発労第71号

ことを意味します。あえて減給処分についてのみ労働基準法で定められている意味はこの点にあるものと考えられます。すなわち、懲戒解雇等減給処分以外の懲戒処分については、あらかじめ就業規則に定めがある限りにおいては、その有効性は個別判断（判例法理及び労働契約法第15条）に委ねられれば足りる一方、減給処分については個別の有効性とは別途、あらかじめ過酷すぎる減額率が定められることによって労働者の生活が脅かされる可能性がある以上、強行法規である労働基準法によって制度的に制限を課しておく必要があったのです。

■なぜ使用者は労働者に懲戒処分をすることができるのか

使用者と労働者は、本来は対等の契約当事者の関係にあるはずであり、仮に労働債務の履行（労務の提供）が果たされていないのであれば、契約の終了（解雇）や債務不履行に伴う損害賠償請求で対抗すべきとするのが民法の世界の前提です。しかし、使用者はそういったいわゆる民法上の対抗措置とは性質を異にする懲戒権限を発動する権限を有しているのはなぜなのでしょうか。

実は、この議論は戦前から長らく錯綜してきたものであり、その学説は非常に多岐にわたるところですが、最高裁判例[*13]においては、「労働者は、労働契約を締結して雇用されることによって、使用者に対して労務提供義務を負うとともに、企業秩序を遵守すべき義務を負い、使用者は、広く企業秩序を維持し、もって企業の円滑な運営を図るために、その雇用する労働者の企業秩序違反行為を理由として、当該労働者に対し、一種の制裁罰である懲戒を課することができる」として、懲戒権限を使用者の固有権と捉える見解をとりつつも、302頁の裁判例において[*14]「規則に定めるところに従い制裁として懲戒処分を行うことができるもの」として規則への定めを必要としています。

このことから、上記のとおり現在の実務において、懲戒処分を行うにあたり労働者の個別契約の特約に付されている必要まではないものの、有効な就業規則に懲戒の事由と手段の明記が必要とされることになったのです。

■企業秩序維持という目的から導かれる懲戒処分の限界

使用者が懲戒処分を有効に行うためには、「懲戒することができる場合」において、当該懲戒が「社会通念上相当」である必要があります（労働契約法第15条）。

「懲戒することができる場合」とは、上述した就業規則で定められた懲戒の事由[*15]に該当するこ

＊13　最高裁判決昭和58年9月9日
＊14　最高裁判決昭和54年10月30日
＊15　「正当な理由なく、無許可欠勤をしたとき」、「業務上の指示・命令に違反したとき」等、就業規則に定められる懲戒事由はさまざまです。

とを指します。この該当性判断において、就業規則で定められた懲戒事由は「企業秩序を害する行為であったか」という観点から、訴訟の場面ではその対象範囲を限定して解釈されることがあります。特に、私生活上の非違行為（私生活上の犯罪行為等）は企業秩序とは無関係であることから、当該行為によって企業の信用が傷つけられたといえる等の事情がない限りは懲戒処分の対象とすることはできません。たとえば、住居侵入罪により罰金刑を受けた工員に対して行われた懲戒解雇が「会社の組織、業務等に関係のないいわば私生活の範囲内で行われたものであること」等を理由に、就業規則に定められていた懲戒解雇事由「不正不義の行為を犯し、会社の体面を著しく汚した者」に該当せず無効と判断された例（最判昭和45年7月28日・民集24巻7号1220頁）があります。もっとも、公務員においては民間企業の一労働者とは異なり「全体の奉仕者」としての責務を有していることから、私生活上の非行であっても懲戒事由に該当するものと判断されやすい傾向にあります。

「社会通念上相当」であるかどうかは、該当行為に対して処分が重すぎないかという実体面のみならず、適正な手続きに則り懲戒が行われたかという手続き面から判断されます。たとえば、就業規則上懲戒委員会の定めが規定されているにも拘らずこの定めを無視して懲戒処分を行った場合、対象となった非違行為の程度が重大なものであったとしてもこれが無効と判断され得ます。

LABOR
LAW

第7章

労働組合を知る

LABOR LAW

現代的労働組合と周辺概念

■「うちには労組はないから……」は通用しない

「うちには労組はないから、労働組合問題は無縁だよ」という経営者の言葉を耳にすることがしばしばあります。結論から述べると、労働組合が企業内に存在しないからといって労働組合問題が生じないというものではありません。労働者が職場外の労働組合に1人で加入した場合であっても、その労働組合は会社に対して団体交渉申入れ権をはじめとする労働組合としての権利を行使することができるのです。

日本における労働組合は、特定の企業で働く労働者によって組織された企業別労働組合が中心となり組織されてきました。しかしながら、労働組合の組織率は、1949年（昭和24年）の55・8％をピークに下降傾向にあり、2019年（令和元年）時点では16・7％[*1]にまで低下しています。一方、企業の外部に存在し、個人加盟が許されている労働組合が存在します。このような形態の労働組合は、一般的に合同労組[*2]と呼ばれています。合同労組が企業に対し、個人加盟した従業員への残業代支払や解雇撤回等を求めて団体交渉開催要求がなされるということは、今日でも盛んに行われています。東京都労働委員会が受け付けた2017年（平成29年）の不当労働行為救済申立事件の新規事件のうち、75・2％が合同労組による申立てであることからしても[*3]、合同労組の活動が企業別労働組合に比して盛んに行われていることが見て取れます。

なぜ、企業外の合同労組であっても、団体交渉を求めることができるのでしょう？

労働組合は職業別組合、産業別組合及び企業別組合等の形態があり、諸外国では前二者の職業別組合や産業別組合が労働組合の中心を占めています。一方、我が国においては、先に述べたように企業別組合が労働組合のスタンダードな形態として認知されているため、その反面企業の外部に存在する合同労組が労働組合としての活動を行いうることについてあまり認知され

＊1　厚生労働省「令和元年（2019年）労働組合基礎調査の概況」

＊2　菅野和夫『労働法　第十二版』（弘文堂、2019年）824頁では、合同労組について「中小企業労働者を組織対象とし、企業の内部ではなく一定地域を団結の場として組織された労働組合であり、個人加盟の一般労組を純粋型とするもの」と定義されています。

＊3　東京都労働委員会事務局「都労委　平成29年取扱事件等の概要について」（別紙）

ていない傾向にあります。[4] しかしながら、労組法は、労働組合を「労働者が主体となつて自主的に労働条件の維持改善その他経済的地位の向上を図ることを主たる目的として組織する団体又はその連合団体」で、企業の利益代表者の参加を許したり経費援助を受けていないものと定義しており（労組法第2条）、当該企業の従業員のみで組織されなければならないとは規定されていません。

このように、企業内に労働組合が存在しない場合であっても、一人で外部の合同労組に加入することが認められているのです。

■まったく異なる2つの概念 ――「労使協定」と「労働協約」――

「労使協定」と「労働協約」という用語について、会社の人事担当者や士業等の専門家であっても混同して用いている場面に遭遇することが間々あります。

「労使協定」と「労働協約」は、まったく異なる概念です。

労使協定は労基法等、法令上の規制を免除するために締結されるものです。たとえば、労基法上、使用者は1週間あたり40時間、1日あたり8時間を超える労働をさせてはならないとされていますが、労基法第36条に基づく労使協定（三六協定）を締結することにより、1週間あたり40時間、1日あたり8時間を超える労働をさせたとしても労基法違反とはならないのです。[5] もっとも、労使協定は労働者との間で契約上の効力を発生させるものではありません。た

◎労使協定と労働協約の違い

	労使協定	労働協約
効果	免罰的効力	個別的労働関係を直接規律する効力
私法上の効力	なし	あり
締結主体	過半数労働組合又は過半数代表者	労働組合
締結範囲	法律上規定され特定の事項に限られる（賃金控除協定、変形労働時間制、フレックスタイム制、時間外・休日労働、計画年休協定等）	個別的労働関係または団体的労使関係に関連している事項
効力が及ぶ範囲	当該事業場	当該労働組合（一の工場事業場に常時使用される同種の労働者の四分の三以上の数の労働者が一の労働協約の適用を受けるに至つたときは、当該工場事業場に使用される他の同種の労働者に関しても、当該労働協約が適用される）

＊4　「退職したうちの従業員が聞いたこともない労働組合に加盟し団体交渉を求めてきたが、うちの労働組合ではないため団体交渉には応じなくてよいはずである。」等の誤解をされている経営者の方はまだ多くいるように思われます。

＊5　三六協定を締結する場合であっても、1か月について45時間、1年について360時間を超える時間外労働を行わせることは原則禁止されています。

とえば、三六協定が締結されている場合であっても、労働者に時間外労働を行わせるためには別途、就業規則等に基づく根拠が必要となるのです。労使協定とは、労基法等の一定の法規制を免除するために事業場単位で締結されるものです。逆にいえば、法規制を免除するため以外に労使協定が締結されることはありません。労使協定の締結主体は過半数労働組合又は過半数代表者であり、必ずしも労働組合に限られません。

これに対し、労働協約は、労働組合と使用者との間で締結される労働条件に関する契約です。すなわち、労働協約は労使協定とは異なり、労働契約の内容を規律する効力をもっています。また、労働協約は労使協定と異なり法規制を免除するものではないため、締結対象となる範囲は、広く個別的労働関係または団体的労使関係に関連している事項に及びます。

このように、労使協定と労働協約はその要件・効果とも異なるものであるにもかかわらず、いずれも労使間で交わされる集団的な合意文書であるという性格が共通していることから、その用語の使い分けがときに不正確になされているのです。

労働協約の効力の及ぶ範囲と有効期間

前項で労使協定と対比してきた労働協約ですが、労働組合法上、労働協約には特別の効力が与えられています。すなわち、労働協約で定められた労働条件その他労働者の待遇に関する事項については、当該労働協約の条項が個々の組合員の労働契約の内容を形成する効力が与えられています（労働組合法第16条）。この労働協約の効力は、「**規範的効力**」と呼ばれています。そして、この規範的効力は、労働協約を締結した労働組合の組合員のみならず、他の従業員の労働条件すらも規律する場合があります。すなわち、ある事業場の多数組合が4分の3以上を組織するに至った場合、当該事業場で働いている組合員でない同種の労働者に対しても当該労働協約の効力が及ぶこととされているのです（労働組合法第17条）。

また、労働条件等に関する事項以外であっても、使用者と労働組合間でのルール決めをした事項[*6]については、労使間の債務としての効力が認められています。この効力は、労働協約の「**債務的効力**」と呼ばれています。

労働協約の有効期間は3年が上限とされています（労働組合法第15条1項、同条2項）。また、有効期間の定めがない労働協約においては90日前の予告によって解約することができます（労働組合法第15条3項、4項）。もっとも、前述した規範的効力が及んでいた労働条件については、労働協約が終了した後にどのように変容するかは当事者の合理的意思から判断すべきものとされています。労働協約失効後、使用者が賃金引き下げを行った事例[*7]において、裁判所は、

＊6　団体交渉開催についての取り決め、便宜供与についての取り決め等
＊7　福岡地裁小倉支部昭和48年4月8日判決・朝日タクシー事件

個別的労働協約は協約満了時における労働協約の内容と同一内容を持続するとし、結果として労働協約失効後も労働契約の内容となっていると判断しました。[*8] このように、労働協約が失効した後であっても、当該労働条件に空白が生じてしまう場合には、その規律的効力が残存する場合があり得るのです。

■過半数代表者と労働組合の違い――三六協定締結――

労基法をはじめとする労働関係法令において、「当該事業場に、労働者の過半数で組織する労働組合がある場合においてはその労働組合、労働者の過半数で組織する労働組合がない場合においては労働者の過半数を代表する者」に、労使協定の締結主体や意見聴取の相手方としての機能等が与えられています。労基法制定当時、時間外労働についての三六協定の締結主体及び就業規則の作成・変更時の意見聴取の当事者として過半数代表者制が規定されていましたが、過半数代表者制が用いられる場面は拡大し、今日では多岐にわたる場面で過半数代表者制が法で定められています。

この過半数代表者制と労働組合はどこが異なるのでしょうか。

労基法立法当時、過半数代表者制は、「労働者が団体としての意思を有し、互いに意思を通じ合った集団として（昔風にいえば、団結して）労働条件の決定に参加すべきであるとする、確固とした信念」[*9] のもと、「いつの日か労働協約を締結することのできる労働組合へと成長を遂げる」ものと考えられ[*10]、誕生したものでした。しかしながら、過半数代表者制は次の点で異なります。すなわち、まず過半数代表者は三六協定の締結、就業規則変更の意見聴取等の事項ごとに個別的に選出される一時的な主体であり、常設的機関ではありません。また、過半数代表者は労働組合と異なり、不当労働行為救済制度等による制度的保護が与えられているものではありません。そのため、現行法上、過半数代表者は労基法等に定められた当該事項について意見陳述、同意、協議等を行う一過性の主体としての位置づけにすぎず、労働組合のような継続的な交渉主体としての性質は有していないのです。

過半数代表者制が規定される条文上「当該事業場に、労働者の過半数で組織する労働組合がある場合においてはその労働組合、労働者の過半数で組織する労働組合がない場合においては労働者の過半数を代表する者」と、一次的には過半数で組織される労働組合を主体とし、二次

*8 「協約の成立により一旦個別的労働協約の内容として強行法的に変更され承認された状態ないし関係は協約失効後における労働契約の解釈に当つてもできるだけ尊重さるべきが継続的労使関係の本旨に副う所以であって、後記事情の変更のごとき特段の事由がある場合を除き、個別的労働協約は協約満了時における労働協約の内容と同一内容を持続するもの」

*9 小嶌典明「第4章従業員代表制」(日本労働法学会編集『利益代表システムと団結権 講座21世紀の労働法第8巻』、有斐閣、2000年) 52頁

*10 前掲注9・53頁

的に「労働者の過半数を代表する者」が規定されているのは、過半数で組織される労働組合に比して過半数代表者の交渉能力及び従業員の意思反映が劣後することに由来するものと考えられます。

■課長だけど労働組合員?

日本では、なぜ役職者でも労働組合に入ることができるのでしょうか。

前述のように、労組法は労働組合を「労働者が主体となつて自主的に労働条件の維持改善その他経済的地位の向上を図ることを主たる目的として組織する団体又はその連合団体」と定義していますが(労組法第2条)、「役員、雇入解雇昇進又は異動に関して直接の権限を持つ監督的地位にある労働者、使用者の労働関係についての計画と方針とに関する機密の事項に接し、そのためにその職務上の義務と責任とが当該労働組合の組合員としての誠意と責任とに直接にてい触する監督的地位にある労働者その他使用者の利益を代表する者の参加を許すもの」は、含まれないものとされています(労組法第2条1号)。

裁判例上は、「役員、雇入解雇昇進又は異動に関して直接の権限を持つ監督的地位にある労働者」等に該当するかどうかについて、その名称のみならず職務の実質的内容を踏まえて判断をしています。

たとえば、テレビ映画・CMフィルムの製作等を営む会社における役職者の労働組合法第2

条1号該当性が問題となった東京地裁平成6年10月27日判決では、**副部長**については昇格人事を含む人事異動、人事考課、服務規律等につき決定権限を有しているとして「雇入解雇昇進又は異動に関して直接の権限を持つ監督的地位にある労働者」に該当すると判断しました。一方、**課長職**については、人事労務管理に関する職務に従事することがあっても、それは補助的、間接的なものであったとして、労働組合法第2条1号該当性を否定しました。

一方、農協における**総務課長**について労働組合法第2条1号該当性が問題となった仙台高裁秋田支部平成元年1月30日判決では、総務課長が「農協労との間のいわゆる三六協定、職員の退休職、配置異動に関する辞令、助成金や各種手当の支給、倉庫増築の設計管理委任契約書及び右契約に基づく代金の支払い、理事会の開催通知ならびにその議案など、控訴人の重要関係書類を起案している」事実や、労働争議に際しては、総務課長が「人員の配置、支所長に対する取扱い指示及び命令、次回団体交渉の日程、争議が長期にわたる場合には、理事会の召集通知の起案をするなど、争議対策にかかわる事項についても関与していた」事実を認定し、総務課長職の地位、職務権限、実際上の地位、実際担当の業務内容に照らすと、当該労働組合の組合員としての誠意と責任とに直接抵触する監督的地位にある労働者（利益代表者）に該当するものと判断しました。

このように、労働組合法第2条1号に該当するかどうかは、その職務内容の実態に照らして労働組合員の地位と当該役職等が両立しうるのかという点から判断がなされています。たとえ

「課長」等の役職者であったとしても、その職務内容の実態からして利益を代表する者とはいえない場合には、労働組合法第2条1号には該当せず、労働法上の組合員資格が認められるのです。

■「不当労働行為」とは？

労働組合法上、労働組合員であることを理由とする不利益な取扱い等、労働者の団結及び団体交渉権を侵害する使用者の行為として禁止されている行為類型があります。この行為類型は「不当労働行為」と呼ばれています。「不当労働行為」という用語は、その言葉面からすると「労働者の不正な行為か？」等と誤解を与えることもしばしばありますが、「不当労働行為」の主体はあくまでも使用者です。「不当労働行為」という言葉は、米国法上規定されていた「不公正労働行為（unfair labor practices）」に由来するものとされています。

アメリカにおいては、不当労働行為の禁止は使用者のみならず労働組合側も名宛人として規定されています。これに対し、日本の労働組合法は、使用者を名宛人として不当労働行為が禁止されており、労働組合側は名宛人とはされていません。不当労働行為が禁止されている趣旨は、憲法第28条で保障されている団結権、団体交渉その他団体行動をする権利を具体的に保障し、使用者に対して一定の行為を行うことを禁止して、労働組合活動の自由に対する使用者からの侵害を防止し、労働組合の自主性を確保しようとするという点[*11]にあります。

労働組合法第7条で禁止されている不当労働行為は、大きく分類して①不利益取扱い、②団体交渉拒否、③支配介入の類型があります。

「①不利益取扱い」の典型的な形としては、労働者が労働組合の組合員であること労働組合の正当な行為をしたことを理由として、その労働者に対し不利益な取扱いをすることが挙げられます。たとえば、労働者が正当な組合活動としてプライベートの時間に組合ビラを作成・配布したことを理由として使用者がこの者に対して懲戒処分をした場合、この懲戒処分は不利益な取り扱いとしての不当労働行為に該当する可能性があります。

「②団体交渉拒否」は、使用者が労働組合からの団体交渉要求を正当な理由なく拒むことをいい、特に実務上問題となりやすい不当労働行為です。使用者は、労働者の労働条件等[*12]について団体交渉開催を求められた場合、使用者は基本的に団体交渉のテーブルにつく義務があります[*13]。また、団体交渉のテーブルについたとしても、使用者の交渉態度が不誠実である場合には、

＊11　厚生労働省労政担当参事官室編『六訂新版　労働組合法　労働関係調整法』（労務行政、2015年）385頁

＊12　使用者が団体交渉に応じなければならないテーマを「義務的団交事項」といいます。義務的団交事項は、労働条件その他の労働者の経済的地位及び労使関係の運営に関する事項であって、使用者に支配・決定権限のあるものとされています。

＊13　もっとも、労働組合から求められた団体交渉開催日程が都合が悪いため別日を提案する等調整を図ることは許容されています。

団体交渉拒否と同様に不当労働行為に該当するものと解されています。東京地裁平成元年9月22日判決・カール・ツァイス事件でも、「労働組合法七条二号は、使用者が団体交渉をすることを正当な理由がなくて拒むことを不当労働行為として禁止しているが、使用者が労働者の団体交渉権を尊重して誠意をもって団体交渉に当たったとは認められないような場合も、右規定により団体交渉の拒否として不当労働行為となると解するのが相当である。このように、使用者には、誠実に団体交渉にあたる義務があり、したがって、使用者は、自己の主張を相手方が理解し、納得することを目指して、誠意をもって団体交渉に当たらなければならず、労働組合の要求や主張に対する回答や自己の主張の根拠を具体的に説明したり、必要な資料を提示するなどし、また、結局において労働組合の要求に対し譲歩することができないとしても、その論拠を示して反論するなどの努力をすべき義務があるのであって、合意を求める労働組合の努力に対しては、右のような誠実な対応を通じて合意達成の可能性を模索する義務がある」と判示されています。

このように使用者は正当な理由なく団体交渉を拒むことが禁止されており、また誠実交渉義務が課されています。あくまでも、使用者には団体交渉のテーブルにつき誠実に交渉を行うことが義務付けられているにとどまり、「労働組合の要求に応じること」は使用者の義務内容となっていない点に注意が必要です。

「③支配介入」とは、労働組合の弱体化を狙った介入行為をいいます。たとえば、使用者から労働組合員に対し脱退勧奨を行うことは、支配介入の不当労働行為に該当する可能性があります。

■不当労働行為に対する労働委員会や司法による救済

使用者が不当労働行為を行った場合には、その行為を受けた労働組合員または労働組合[*14]は①労働委員会に対して救済を求める方法（行政での救済）、②労組法違反を根拠に、対象行為の無効確認や損害賠償を請求する方法（司法での救済）により、その救済を求めることができます。

①の労働委員会とは、労働者が団結することを擁護し、労働関係の公正な調整を図ることを目的として、労働組合法に基づき設置された行政委員会であり、各都道府県労働委員会及び中央労働委員会が存在します。労働委員会は使用者側、労働者側及び公益を代表する者の三者から構成されている機関であり、不当労働行為の救済の他、労働組合の資格審査、労働争議のあっせん、調停及び仲裁等を担っており、労働組合と使用者との間の集団的労使紛争の解決機

＊14　不当労働行為のうち、団体交渉拒否については労働組合のみが不当労働行為救済申立適格を有するものと考えられています。

関としての機能を有しています。

労働委員会が不当労働行為の救済申立を受け、審査の結果不当労働行為がなされたと判断した場合、救済命令が出されます。労働委員会は救済命令の内容については広い裁量権を有しており、[*15]救済命令の内容は使用者に団体交渉に応じる命令や是正命令、不当労働行為に対する謝罪文書を掲示することを命じるポスト・ノーティス命令[*16]等多岐にわたります。

このように現在の労組法上は、労働委員会があくまで救済命令を発出するという方法において不当労働行為の救済を行うことが規定されています。しかし、旧労組法においては不当労働行為救済にあたっての労働委員会の位置づけがまったく異なっていました。すなわち、旧労働組合法上、不当労働行為（「不利益取扱ノ禁止」）に違反した場合には、労働委員会が請求した場合には使用者に6ヶ月以下の禁錮または500円以下の罰金が科せられることが規定されており、労働委員会は不当労働行為を行った使用者に刑罰を科すことを「請求」するという形で不当労働行為の救済を間接的に図る制度が置かれていました。一方、現行労組法のもとでは、前述のように不当労働行為救済申立制度が確立し、「救済命令」という形で直接的に救済を図るという制度に変更されました。このように、不当労働行為の救済は刑罰による禁止から救済命令による準司法的な手続きによって救済が図られるようになったのです。この大きな制度変更は、前述した米国法（ワグナー法）に定められた不公正労働行為の規定にならってなされたものといわれています。

■ユニオン・ショップ制

ユニオン・ショップとは、「使用者が労働協約において、自己の雇用する労働者のうち当該労働組合に加入しない者及び当該組合の組合員でなくなった者を解雇する義務を負う制度」[*17]をいいます。

ユニオン・ショップ協定とは労働組合が組織拡大を目的として締結を求める協定であり、労働者数が多い企業の企業内組合で結んでいる傾向にあります。[*18]

このように労働者の組合員資格等と従業員資格との関係を定める制度を広く「ショップ制」

＊15 もっとも、裁量権の合理的な行使の限度を超えた命令は、違法な命令となる場合がある（第二鳩タクシー事件、最判昭和52年2月23日）。

＊16 ポスト・ノーティス命令は使用者の良心の自由（憲法第19条）を侵害するのではないか争われた判例では、ポスト・ノーティス命令はあくまでも同種行為を繰り返さない旨の約束文言を強調する趣旨に出たものにすぎないとして、憲法第19条違反にはあたらないものと判断しました（オリエンタルモーター事件、最判平成3年2月22日）。

＊17 菅野和夫『労働法　第十二版』（弘文堂、２０１９年）８４８頁

＊18 なお、労働者の組合選択の自由の観点から、ユニオン・ショップ協定の効力は、締結組合から脱退あるいは除名されても他の労働組合に加入している者には及ばないとされています（最高裁平成元年12月14日、三井倉庫港運事件）。

といい、ユニオン・ショップ協定以外にも「オープン・ショップ」[*19]、「クローズド・ショップ」[*20]、「エイジェンシー・ショップ」[*21]等の類型があります。

■現代的労働組合

労働組合には、争議行為を行う権利が憲法上保障されており、使用者に対抗する手段として考えられていました。争議行為とは、具体的にはストライキやピケッティング等が該当します。平成30年に実施された「争議行為を伴う争議」の件数は、全国でわずか58件に留まっており、昭和32年以降最小件数となっています[*22]。この背景のひとつとして、労働組合組織率の低下が挙げられるでしょう。しかしそれ以上に、労働組合は必ずしも争議行為を用いずとも、SNS等による拡散力・影響力が大きい使用者への対抗手段を獲得したことが、大きな理由であろうと考えられます。

また、今後は飲食物配達員等、業務委託契約による働き手の増加に伴い、必ずしも労基法や労契法上の保護が及ばない「多様な働き方」をする労働者を対象とする労働組合の活動がより盛んになっていくことが予想されます。

＊19　組合員資格の得喪が従業員資格に影響を及ぼさない形態をいい、組合員資格と従業員資格について定めがない場合にはオープン・ショップ制にあたります。

＊20　使用者は、労働者を雇い入れる場合には当該組合の組合員の中から雇い入れなければならず、かつ、組合員でなくなった従業員を解雇する義務を負う制度

＊21　組合への加入、非加入は被用者の自由であるが、非加入被用者も組合員が負担する組合費等と同額の金額を組合に支払わなければならず、支払わない場合は、組合は使用者にその者の解雇を要求できる制度

＊22　厚生労働省「平成30年労働争議統計調査の概況」

ら行

な行

は行

ま行

や行

さ行

た行

索　引

数字・欧文

あ　行

か　行

参考文献

（注釈で個々の出典を挙げていますが、本書の作成にあたり参考にさせていただいた主な文献やウェブサイトは以下の通りです。）

- 石井照久『法律学全集45　労働法総論』（有斐閣、１９５７年）
- 内海義夫『労働時間の歴史』（大月書店、１９５９年）
- 遠藤公嗣『日本占領と労使関係政策の成立』（東京大学出版会、１９８９年）
- 岡田康子、稲生和泉『パワーハラスメント（第2版）』（日経文庫、２０１８年）
- 片岡曻、萬井隆令『共同研究労働法４　労働時間法論』（法律文化社、１９９０年）
- 厚生労働省労政担当参事官室編『六訂新版　労働組合法　労働関係調整法』（労務行政、２０１５年）
- 小嶌典明「第４章従業員代表制」（日本労働法学会編集『利益代表システムと団結権　講座21世紀の労働法第8巻』（有斐閣、２０００年）
- 小西國友『国際労働法』（信山社、２０１２年）
- 白羽祐三『安全配慮義務法理とその背景』（中央大学出版部、１９９４年）
- 菅野和夫『労働法　第十二版』（弘文堂、２０１９年）
- 高橋武『週五日制の時代』（日本経営出版会、１９６８年）
- 高橋眞『安全配慮義務の研究』（成文堂、１９９２年）
- 農商務省商工局『綿糸紡績職工事情』（１９０３年）
- 寺本広作『ある官僚の生涯』（制作センター、１９７６年）
- 中島寧綱『職業安定行政史』（雇用問題研究会、１９８８年）
- 日本労働協会編『戦後の労働立法と労働運動　下』（日本労働協会、１９６０年）
- 野沢浩『労働時間と法』（日本評論社、１９８７年）
- 野田進『「休暇」労働法の研究』（日本評論社、１９９９年）
- 濱口桂一郎『日本の労働法政策』（労働政策研究・研修機構、２０１８年）
- 藤林敬三『労働者政策と労働科学』（有斐閣、１９４１年）
- 外尾健一『日本の労使関係と法』（信山社、２００４年）
- 籾井常喜編『戦後労働法学説史』（労働旬報社、２００２年）
- 吉本実『完全週休２日制』（東洋経済新報社、１９８１年）
- 渡辺章編集代表『日本立法資料全集51　労働基準法〔昭和22年〕（１）』（信山社、１９９６年）
- 渡辺章編集代表『日本立法資料全集52　労働基準法〔昭和22年〕（２）』（信山社、１９９８年）

●飯田芳也「フランスバカンス制度についての一考察　日本での長期休暇普及のために何を学ぶか」（『城西大学紀要16（6）』、城西国際大学、２００８年）

●臼井冬彦「実態としての日本の有給休暇制度」（『観光創造研究№４』、北海道大学観光学高等研究センター、２００８年）

●小倉一哉「なぜ日本人は年休を取らないのか」（『日本労働研究雑誌№５２５』、労働政策研究・研修機構、２００４年４月）

●恩田幸敏「松下幸之助の『魁』と『志』」（『セミナー年報（２０１１）』、関西大学経済・政治研究所、平成24年）

●小嶌典明「特集：その裏にある歴史　なぜ労基法で１日８時間・時間外割増率２５％となったのか」（『日本労働研究雑誌　２００９年４月号（№５８５）』、労働政策研究・研修機構、２００９年）

●小谷真千代「港湾の空間と記憶の再編成：神戸市東川崎町の景観を中心に」（『海港都市研究、11：21－39』、神戸大学文学部海港都市研究センター、２０１６年）

●菅野和夫「雇用システムの変化と労働法の課題」（『ジュリスト１３４７号』、有斐閣、2007.12.15）

●竹内（奥野）寿「団体交渉過程の制度化、統一的労働条件決定システム構築の試みと挫折」（日本労働法学会編『労働組合法立法史の意義と課題　日本労働法学会誌１２５号』、法律文化社発売、２０１５年）

●富永晃一「労働組合法立法過程にみる労働組合の規制の変容」（日本労働法学会編『労働組合法立法史の意義と課題　日本労働法学会誌１２５号』、法律文化社発売、２０１５年）

●永田公彦「日本は有休取得の義務化より『バカンス大国』を目指せ」（DIAMOND online、２０１７年8月16日号）

●仁田道夫「労使関係論からみた昭和24年労組法改正過程」（日本労働法学会編『労働組合法立法史の意義と課題　日本労働法学会誌１２５号』、法律文化社発売、２０１５年）

●野田進「昭和20年・24年労組法における労働委員会制度の生成」（日本労働法学会編『労働組合法立法史の意義と課題　日本労働法学会誌１２５号』、法律文化社発売、２０１５年）

●野田進「労働時間規制立法の誕生」（日本労働法学会編『立法資料からみた労働基準法　日本労働法学会誌95』、総合労働研究所発売、２０００年）

●アデコグループ「海外事例から見る『同一労働同一賃金』の可能性」

●エクスペディアジャパン「有給休暇・国際比較調査２０１８」

●厚生労働省「職場のパワーハラスメント防止対策についての検討報告書（平成30年3月）

●厚生労働省「多様な人材活用で輝く企業応援サイト」（https://tayou-jinkatsu.mhlw.go.jp/cases/index.php）

●厚生労働省「同一労働同一賃金ガイドライン」

●一般社団法人日本経済団体連合会「同一労働同一賃金の実現に向けて（概要）」２０１６年７月１９日

●一般社団法人日本人材派遣協会「ハケン！発見！人材派遣を知る７つのキーワード」

●独立行政法人労働政策研究・研修機構「従業員の採用と退職に関する実態調査・労働契約をめぐる実態に関する調査（Ⅰ）」２０１４年

【執筆者プロフィール】

瀬戸賀司（せと　よしつか）

北海道深川市出身。中央大学法学部法律学科卒業、慶應義塾大学法科大学院修了。

2014年弁護士登録。第一東京弁護士会。杜若経営法律事務所所属。経営法曹会議会員。

労働事件の使用者側の事案（解雇、残業代請求、労災事案等）を数多く取り扱う。

労働組合対応として数多くの団体交渉にも立ち会う。

労務分野に関する各種セミナーや書籍、特集記事などの執筆も行う。

星野悠樹（ほしの　ゆうき）
新潟県出身。中央大学法学部卒業。2015年弁護士登録。第一東京弁護士会。杜若経営法律事務所所属。経営法曹会議会員。人事労務案件（解雇案件、労災民事案件、ハラスメント案件、残業代請求案件など）の法律相談、訴訟、労働審判、労働組合との団体交渉を使用者側の弁護士として数多く取り扱う。人事労務分野に関する講演活動、執筆も行う。

樋口陽亮（ひぐち　ようすけ）
東京都出身。学習院大学法学部法学科卒業、慶應義塾大学法科大学院修了。2016年弁護士登録。第一東京弁護士会。杜若経営法律事務所所属。経営法曹会議会員。企業の人事労務関係を専門分野とし、個々の企業に合わせ専門的かつ実務に即したアドバイスを提供する。これまで解雇訴訟やハラスメント訴訟、団体交渉拒否・不誠実団体交渉救済申立事件など、多数の労働事件について使用者側の代理人弁護士として対応。人事労務担当者・社会保険労務士向けの研修会やセミナー等も開催する。

友永隆太（ともなが　りゅうた）
東京都出身。ドイツ（デュッセルドルフ）にて幼少期を過ごす。学習院大学法学部法学科卒業、慶應義塾大学法科大学院修了。2016年弁護士登録。第一東京弁護士会。杜若経営法律事務所所属。経営法曹会議会員。団体交渉、残業代請求、労働災害や解雇事件等の労働問題について、いずれも 使用者側の代理人弁護士として対応にあたっている。特集記事や連載記事の執筆、労務セミナーを主催。

向井　蘭（むかい らん）
1975年山形県生まれ。東北大学法学部卒業。2003年に弁護士登録。現在、杜若経営法律事務所所属。経営法曹会議会員。企業法務を専門とし、解雇、雇止め、未払い残業代、団体交渉、労災など、使用者側の労働事件を数多く取り扱う。企業法務担当者向けの労働問題に関するセミナー講師を務めるほか、『企業実務』（日本実業出版社）、『ビジネスガイド』（日本法令）、『労政時報』（労務行政）など数多くの労働関連紙誌に寄稿。共著に『時間外労働と、残業代請求をめぐる諸問題』（経営書院）、単著に、『社長は労働法をこう使え!』『管理職のためのハラスメント予防＆対応ブック』（以上、ダイヤモンド社）、『最新版　労働法のしくみと仕事がわかる本』（日本実業出版社）、『改訂版　会社は合同労組・ユニオンとこう闘え!』（日本法令）、『改訂版　書式と就業規則はこう使え!』（労働調査会）などがある。

教養《きょうよう》としての「労働法《ろうどうほう》」入門《にゅうもん》

2021年 4月 1日　初版発行
2024年 2月20日　第4刷発行

編著者　向井　蘭

発行者　杉本淳一

発行所　株式会社日本実業出版社　東京都新宿区市谷本村町3-29 〒162-0845
編集部　☎03-3268-5651
営業部　☎03-3268-5161　振　替　00170-1-25349
https://www.njg.co.jp/

印刷／理想社　製本／共栄社

ISBN 978-4-534-05844-7　Printed in JAPAN